Ein flotter Dreier

SATIRISCHES LUSTSPIEL

Ein flotter Dreier

SATIRISCHES LUSTSPIEL

PETER RAPP
ROBERT SOMMER
DIETER CHMELAR

DIE GESAMMELTEN KOLUMNEN
DER DREI SATIRE-STARS

WIENER
BEZIRKS
BLATT
wienerbezirksblatt.at

Herausgeber und Medieninhaber:

1060 Wien, Windmühlgasse 26

Produktion: Bauer Medien Produktions- & Handels-GmbH

Layout & Artdirection: Jennifer Neumann
Bildbearbeitung: Wolfgang Halamiczek

Lektorat: Nikolaus Horak (Ltg.), Mag. Angela Fux, Julia Gartner, MA,
Martina Heiß-Othman, Roswitha Singer-Valentin, Agnes Unterbrunner, MA

Karikatur: Bernd Ertl, www.ausgezeichnet.com

Fotos: Ludwig Schedl, Andreas Hochgerner

Herstellungsort: Wien

ISBN: 978-3-9505280-0-8

Inhaltsverzeichnis

„Ein flotter Dreier" ist nichts für den Literaturnobelpreis

Vorwort von Robert Sommer

Ein „flotter Dreier", so doziert das allwissende Internet-Lexikon Wikipedia, stellt die kleinstmögliche Variante von Gruppensex dar. So gesehen sind die literarischen Ergüsse von Dieter Chmelar, Peter Rapp und mir schon fast eine Orgie – sozusagen Römische Verträge, paktiert, um die Vereinigung zu erzielen. Politisch ging's damals in der italienischen Hauptstadt um solch hehre Ziele wie die Einheit Europas, hier bei uns bloß um die pure Lust, selbst mit den kleinsten Erlebnissen des Alltags gemeinsam riesige Lacherfolge zu erzielen.

Die Leserinnen und Leser versetzt dieses einmalige Potpourri aus den besten Kolumnen des unwiderstehlichen Trios, das sich hier erstmals in einem Buch zusammengefunden hat, mit Sicherheit in freudige Erregung: Hier werden die letzten Jahre auf heiter-bissige Art beleuchtet, immer im Fokus, dass jede Satire, so grotesk sie auch sein mag, einen nicht absurden Kern haben sollte. Es sind einerseits große Weltereignisse wie die Corona-Pandemie, aber andererseits auch schon fast vergessene Begebenheiten, die wir auf diese ganz spezielle Weise in Erinnerung rufen. Meine beiden Kollegen haben ihre Beiträge zuvor im „WIENER BEZIRKSBLATT", der am meisten gelesenen Zeitung der Bundeshauptstadt, veröffentlicht, ich im „vormagazin", der größten Zeitschrift der Metropole. Die Zusammenfassung der lustigsten und prägendsten Anekdoten bietet quasi einen humorvoll historischen Rückblick auf die Zeitgeschichte unserer Stadt und unseres Landes.

„Ich lass die Dinge auf mich zukommen", sagte Peter Rapp, dieses künstlerische Allround-Genie, das sprühende Ideen-Feuerwerk, über sein Erfolgsrezept. Und seine Augen glänzten dabei, als hätte er im Casino den Jackpot geknackt. „Ich versauere mir nicht das Leben damit, darüber nachzudenken, was ich gern getan hätte." Genau diese Einstellung spiegelt sich auch in seinen Geschichten wider: Es ist echte Lebensfreude, die man sogar zwischen den Zeilen seiner Texte spürt, dieses „Was kostet der Morgen?", das Draufgängertum des Berufsjugendlichen, der auf der Bühne dieselbe Energie ausstrahlt wie noch vor Jahrzehnten. Was seinen Job betrifft, hat er tatsächlich noch einige gute Jahre vor sich. „Im amerikanischen Fernsehen sind die Moderatoren alle über 60. So gesehen geht auch bei mir noch ein bisserl was", scherzte der Evergreen der Musik- und Moderatorenszene einmal.

Bei Schmähs wie diesen kann sich auch Dieter nicht zurückhalten: Da muss er förmlich einsteigen, da möchte er mit allen Mitteln seines schier unbegrenzten Talents reagieren, da kann sich der geborene Witzbold, der wohl schon als Baby der geschliffenen Wortwahl frönte, nicht auf die Zunge beißen. Das würde zu sehr schmerzen. „Wenn dir ein guter Gag wie ein Brocken im Halse steckt, dann muss er ganz einfach raus. Dann kannst du wirklich auf nichts und niemanden Rücksicht nehmen", erzählte mir das Schwergewicht unter den heimischen Kabarettisten.

Chmelar und ich haben übrigens gemeinsam im Berufsleben als Sportjournalisten begonnen, er bei der damals noch existierenden „Arbeiter-Zeitung", ich bei der „Kronen Zeitung". Wir kennen einander schon seit mehr als vier Jahrzehnten, radelten aber karrieretechnisch, jeder für sich im schnellsten Gang, auf Parallelstraßen, nicht auf einem Tandem in der Einbahn. Wir mögen und schätzen einander, haben einander auf den verschiedenen Wegen beobachtet, echte Freunde sind wir aber nicht. Das ist bei einer Orgie auch besser so.

Was uns wirklich verbindet, ist die ultimative Erkenntnis, dass man als österreichischer Sportreporter entweder depressiv wird oder Satiriker. Die vielen Niederlagen, über die man da aus aller Welt regelmäßig zu berichten hat, manche davon sogar peinliche Debakel, sind nur mit einem Schuss schwarzem Humor zu ertragen. Und so wechselten wir beide irgendwann einmal die Fronten, was man beim Militär als Feigheit vor dem Feind bezeichnen würde: Mittlerweile gehören wir beide zu denen, die nicht nur über andere schreiben, sondern über die in den Medien auch geschrieben wird. Als Bestsellerautor konnte ich jedenfalls die allgemein vorherrschende Meinung widerlegen, dass ein Schriftsteller in unserem Land im günstigsten Fall von staatlichen Almosen leben kann. Oder gar nicht.

Diesen speziellen Schreibstil, die Pointe im Zielfernrohr zu suchen, anzuvisieren und dann mit einem gezielten Treffer zu erlegen, habe ich mir übrigens in meiner engeren Wiener Heimat, in der guten alten Leopoldstadt, angeeignet: Andere Kinder wurden von Masern angesteckt, ich von Ephraim Kishon. Seine betont israelische Form des Witzes, eine Art (Über-)Lebenseinstellung, auch unangenehme Begebenheiten des Alltags so lange zu übertreiben, bis man sie ins absolut Lächerliche gezogen hat, findet sich in der jüdischen Tradition des zweiten Bezirks wieder.

Nach der Eigendefinition des weltbekannten Bestsellerautors dürfte „Ein flotter Dreier“ wohl eher kein Anwärter auf den Literaturnobelpreis sein. Die drei Argumente für eine Zuerkennung zählte er nämlich wie folgt auf: „1. Erkennbare Senilität, 2. Keine hohe Buchauflage, 3. Absolute Humorlosigkeit“.

Mit keinem der hier angeführten Gründe können wir dienen. Soweit ich mich erinnern kann.

Dieter Chmelar

HEIMAT GROSSER TÖCHTER

„Eine kluge Frau", wusste (die kluge Frau) Marie von Ebner-Eschenbach schon vor über 100 Jahren, „hat Millionen geborener Feinde: alle dummen Männer." Warum haben die Söhne des Landes solche Angst vor den Töchtern? Wir sind, jedenfalls laut alljährlichen Umfragen, so was von „stolz" auf „unsere herrliche Landschaft", auf „unsere weltumspannende Kultur" und auf unsere „sprichwörtliche Gemütlichkeit" (wie sehr sie auch als – reichlich – ungemütliche und irrtümlich unter „Humor" laufende Umgangsformen in Erscheinung treten möge). Momenterl – stolz? Erstens zählt diese (Un-)Art zu den Todsünden (nachzublättern unter „Hoffärtigkeit") und ist demnach unchristlich. Und zweitens, mit Verlaub: Worin läge, bitte gar schön, „unser" Beitrag dazu? Haben „wir" die Seen, Flüsse und Berge etwa persönlich eingefüllt und aufgetürmt? Haben „wir" eigenhändig die „kleine Nachtmusik" komponiert? Haben „wir" den Schmäh erfunden? Oder waren das nicht doch, in korrekter Reihenfolge, erstens „der Schöpfer" oder, je nach Glaubenslage, „die Schöpfungsgeschichte" (von Wörthersee über Donau bis Großglockner) beziehungsweise zweitens all deren gelungenste Hervorbringungen in Gestalt eines Mozart oder Falco, eines Schnitzler oder Bernhard, eines Farkas oder Hader? Warum, um Himmels willen, sind „wir" nicht einfach statt „stolz" nur „glücklich" oder beispielsweise „dankbar", hier geboren worden zu sein – und nicht in Kriegs-, Krisen- oder Katastrophengebieten? Glauben wir tatsächlich, es wäre der große Ratschluss irgendeines Gottes oder gar der unseligen „Vorsehung", dass wir in wohligem Wohlstand leben? Ist es „unsere" Leistung, nicht in Haiti, Afghanistan oder in die Sahelzone „hineingepflanzt" worden zu sein? Und was, bitte, hat das mit der Debatte um unsere Bundeshymne zu tun? Nun: Nicht die Töchter der Heimat anzuerkennen, spricht a) gegen die Söhne und b) für ihre Angst vorm Verlust ihrer angemaßten Wichtigtuerei. Die Töchter Österreichs hätten, behauptet ein Söhnchen, unserer Heimat als Entscheiderinnen weit weniger geschadet!

DIETER CHMELAR

ES IST NICHT ALLES TRAURIG, WAS STIRBT

Die Art, wie man in Wien dem Tod ein Haxl stellt: Man lacht ihn aus und lacht ihn an. Zu den besinnlichen Festtagen empfiehlt sich ein pietätvoller Blick auf die lustvollsten und lustigsten Grabinschriften.

Nachdem, entgegen allen schlimmsten Befürchtungen, die Gedenktage an unsere Toten keineswegs auf Allah-Heiligen und Allah-Seelen umbenannt wurden, erlaube ich mir, bei aller Wahrung der Würde gegenüber unseren teuren Verblichenen, auf die vielen Farben des „Quiqui" hinzuweisen, wie man in dieser Stadt den Sensenmann so gern verzärtelt. Am besten ist der „schwarze Humor" (der trübsinnige Psychen therapeutisch wertvoll aufhellt) an den Grabreden und -inschriften abzuhören und abzulesen. Vorbildlich, was der Literaturnobelpreisträger Ernest Hemingway testamentarisch als Gravur verfügte: „Entschuldigen Sie bitte, dass ich nicht aufstehe." Hübsch auch die letzte Botschaft des US-Komikers W. C. Fields: „Lieber wäre ich in Philadelphia." Der deutsche Ex-Kanzler Willy Brandt entschied sich für ein demütig-lapidares „Man hat sich bemüht", der große irische Zyniker George Bernard Shaw für „Ich habe geahnt, dass so etwas einmal passiert" und der legendäre Hollywood-Hero Clark Gable für „Zurück zum Stummfilm!". Frank Sinatra bestand auf eine demütig hoffnungsfrohe Durchhalteparole: „The Best Is Yet to Come." Aber alles nix gegen die zauberhafte Zeile auf der Schleife jenes Kranzes, die eine anonyme Wiener Witwe dereinst an der letzten Ruhestätte ihres allzu früh Dahingeschiedenen hinterlegte: „Es war viel zu kurz – dein Spatzi".

RETTEN WIR DIE ANSA-PANIER UND POTSCHOCHTA

Sterbende Wiener Wörter: Wer weiß noch, was a Pantscherl mit an G'spusi ist? Warum ist nix mehr lei(n)wand, nur noch alles geil, cool oder fett? Es zählt ölfe, wenn mich das magerlt, aber i moch trotzdem an Bahöö!

Zum Jahresende winkt wieder die Wahl des Wortes und des Unwortes - man darf getrost auf einen Doppelsieg für die „Unschuldsvermutung“ setzen, wobei die Verballhornung der medienjuristischen Floskel zur flächendeckenden Bevölkerungs-Belästigung längst präziser erscheint: Unmuts-Verschuldung. Soll sein. Viel ärgerlicher ist es, dass es noch kein Artenschutz-Programm für die aussterbende Spezies „WWW“ gibt - Wiener Wörter & Wendungen. Im grassierenden Dummschwätz (mega, ur, irre, geil und fett) verenden die „III“ - die inspiriertesten Idiome unserer Identität. Gemma's an, und zwar der (Zahlen-) Reihe nach: Wer sagt noch Ansa-Panier zum coolen Outfit? Wer kennt noch das Zwara-Landl (von außen)? Dort, im „Landesgericht 2“ warten oft Schliaferln, Schlaucherln und Schlankerln wie nasse Dreier, dass ihnen die Wadeln vire g'richt' wer'n (was nix mit „vier“ zu tun hat, sondern „nach vorn“ bedeutet). Warum lassen sich die (wiedererstandenen) Hausmeister buckelfünferln und kassieren kein Sperr-Sechserl mehr? Wie unterscheidet man jemanden, der wie ein Pik-Sima (= Siebener) ausschaut, von einem, der als Potschochta gilt? Lassen wir uns nicht papierln, höscherln, häkeln, rollen und feanzn! Schreiben Sie mir bitte, welche Begriffe SIE gern am Leben erhalten würden!

SO VIEL ENGLISCH IST NICHT OKAY!

Die Gründe, warum wir „Dancing Stars“ sagen und nicht etwa „Tanzende Berühmtheiten“ - es klingt halt cooler. Dabei muss man sich „downloaden“, dass wir oft gar nicht internäschionäl, sondern „Nonstop Nonsens“ talken.

Mein liebster Anruf eines ORF-Zuschauers: „Dass jetz' so viel englisch g'redt wird im Fernsehen, ist nicht okay!“ Von mir hinzugedichtetes Comedy-Attachment: „Deutsch hat do viel mehr Power, Drive und Pep bei den Highlights vom Newsflash zur Primetime!“ Letztens fragte Peter Rapp, warum wir Männer in Frauenkleidern „Drag-Queens“ nennen. Da wär's halt guat, wann ma Englisch könnt', sang einst Heinz Conrads. Die schleppende Königin (wörtlich für „Drag Queen“) geht wohl auf Shakespeare zurück, in dessen Stücken stets Männer als Frauen auftraten - abgekürzt: „Dr(essed as) A G(irl)“. Lustig, dass mich das ein Showmaster fragt. Denn: „Showmaster“ ist gar nicht englisch! Dort heißt das „Host“ (= Gastgeber). Da sieht man, wie sich „Denglisch“, dieses Missing Link aus Deutsch und Englisch, eigendynamisch entwickelt! Wir sagen „Handy“, obwohl es „Mobile“ oder „Cellular“ hieße. „Handy“ ist direkt schlüpfrig - so nennt der Ami eine, ähem, manuelle sexuelle Dienstleistung. Am schönsten ist aber „Public Viewing“ für öffentliche Sport-Übertragungen. Das bedeutet nämlich nix anderes als Aufbahrung einer Leiche. Play yourself yes not - Spü di jo net! Und das rufe ich meinem Freund Peter zu. Der soll demnächst berichten, was wir den Franzosen verdanken. Ich hab ka Zeit - ich muss tanzen. An English Waltz! What else?

NAMEN KÖNNEN MUSIK IN DEN OHREN SEIN!

Das Vorurteil namens „Schall und Rauch“. Oh nein! Sage mir, wie du heißt – und ich sage dir, warum. Das behauptet einer, der im Tschechischen Hopfenbauer bedeutet und gern Sekanina und Smetana verspeist.

Meine liebste Anekdote zum Spiel mit Namen – zu dem mich Peter Rapp in seiner Kolumne zuletzt einlud – rührt vom Länderkampf zwischen der Tschechoslowakei und Österreich im Turmspringen (vor gut & gern 50 Jahren in Linz). Das Endergebnis: 1. Berger (CSSR), 2. Schneider (CSSR), 3. Mrkvicka (Ö), 4. Ruzicka (Ö). Hübsch auch, dass „Mrkvicka“ so viel wie „Rübchen“ und „Ruzicka“ „Röschen“ heißt. G’schmackig, dass „Sekanina“ „Faschiertes“ und „Smetana“ gar „Schlagobers“ bedeutet. Apropos Smetana! Da gibt’s den wunderbaren Satz mit 14 Komponistennamen. Eine Frau erzählt ihrer Nachbarin vom Strizzi, dem ihre Tochter aufsaß: Denn erst war er mozärtlich und beethövlich, kam mit einem Strauß Rossini, nahm sie voll Liszt am Händel, führte sie im Wagner über die Bruckner vom Bach in die Haydn, dort sagte er: „Verdi net!“, und hat sie geschubert! Na, jetzt haben wir einen Mendelssohn – und wissen nicht, wohindemith … Was, wenn ich dem Rapp nun Mussorgski und Tschaikowski für die Fortsetzung überließe? Ich fürchte, es hieße Grieg. Da wär’ ich Vivaldi (wie Waldi!), der sein Herrli ins Haxl beißt. Keine Sorge: Gegen mein Vorbild putsch’ i nie (Puccini)!

KENNEN SIE SCHON TONI POLSTERS LIEBLINGSWITZ?

Das familienunfreundliche Fernsehprogramm der nächsten Wochen lautet: „Liebling", sagt der Ehemann zu seiner Frau, „willst du noch etwas sagen, bevor die Europameisterschaft beginnt?"

Wir sind zwar nicht dabei, wenn demnächst wieder die Kapazunder des Kontinents um die Krone kicken, aber: Wenn's darum geht, wer schon am meisten gelacht hat, dann ist der Wiener seit jeher im Spitzenfeld. Meine liebsten Beispiele: Der einstige Teamchef Béla Guttmann spazierte mit einem Funktionär auf der Kärntner Straße, als ein entgegenkommender Herr den Hut zog und besonders höflich grüßte: „Habe die Ehre, Herr Guttmann!" Dieser zog gleichfalls den Hut. Nach ein paar Schritten fragte der Funktionär: „Wer war denn das?" Darauf Guttmann: „Keine Ahnung – ich kenn ja nicht einmal SIE!"

Als Ernst Happel auf seine alten Tag' den FC Tirol betreute, bat ihn der deutsche Superstar Hansi Müller einmal: „Trainer, wir müssen reden." Darauf Happel: „Wann S' reden wollen, dann müssen S' Staubsaugervertreter wern – ICH brauch nur Fußballer!" Dabei war „Aschyl" (benannt nach einem türkischen Haremswächter, den die Rapidler in den 50ern in einem Kino in Istanbul sahen) der vielleicht größte Taktiker der Fußballgeschichte. Ganz im Gegensatz zu jenem Karl „Vogerl" Geyer, der vor seinem ersten Match als Teamchef seine Spieler bis wenige Minuten vor Anpfiff vollkommen im Dunkeln gelassen hatte. Dann, im Budapester Népstadion, quasi schon beim Einlaufen aufs Feld, legte er los: „Wissts wos! Heute deck ma de Ungarn net – de solln UNS decken!" Das Erfolgsrezept führte zu einem satten 1:6-Tragerl …

Damit zu Toni Polsters Lieblingswitz: Ehefrau und Geliebter liegen im Bett. Plötzlich kommt der Ehemann heim. Der Geliebte will sich im Kasten verstecken, die Frau sagt: „Dort schaut er als Erstes nach." Er will unters Bett: „Dort schaut er als Zweites nach!“ Also kauert er sich nackt hinter den Fernseher. Da erscheint der Ehemann und herrscht die Frau an: „Hol mir einen Doppler und dreh den Fernseher auf, Ländermatch is!“ Die Frau holt den Wein, der ihr aus Nervosität aus der Hand fällt. Darauf der Ehemann: „Ein seltsamer Tag! Da kommt alles z’samm’! Stell dir vor: Beim Match wird aner ausg’schlossen und bei UNS geht er ausm Zimmer!“

„STRASSE FREI" FÜR MULIAR, MARTINI & HINTERBERGER!

Man stelle sich, bitteschön, folgendes Szenario vor: Ein Ortsunkundiger („Zuag'raster") kommt am Westbahnhof an, steigt ins Taxi und teilt dem Fahrer seine Ziele mit: „Ich hab drei Termine hintereinander – und zwar in der Schulerstraße, der Kirchengasse und der Ölzeltgasse. Auf geht's!" Lachen Sie nicht: Das wird noch ein ernstes Problem! Nun weiß zwar jedes Kind, dass es auch im kleinsten Nest des Landes EINEN Hauptplatz, meist mit dem Gasthof zur Post, gibt, aber kein noch so universal Gelehrter kann sich erklären, warum sich just die größte Stadt allen Ernstes ZWEI Schulerstraßen (im 1. bzw. 2. Bezirk), ZWEI Kirchengassen (7. bzw. 10.) und ZWEI Ölzeltgassen (3. bzw. 23.) leistet.

Bei Nachsicht aller Taxis: Weiß unser obiger Fahrgast keine Postleitzahl, dann – kleine Rechenaufgabe für Hobby-Mathematiker – wie viele Strecken müssten absolviert werden, um mit Sicherheit alle Adressen abzuklappern? Na? Lösung: 720. Des geht ganz schön ins Geld. Da rennt der Taxameter leicht drei City-Marathons. Doch: Es gäbe rasche Abhilfe – bei allem gebührenden historischen Respekt für Schule, Kirche und Hofbaumeister Oelzelt († 1875). Halbieren wir doch schleunigst diese Doppelgänger! „Schenken" wir uns die verwirrende Rätselrallye und schenken wir die Adressen bisher unbedankten Töchtern und Söhnen Wiens. Viele Botschafter(innen) würden die Voraussetzungen dafür erfüllen, weil sie bereits von uns gegangen sind, aber in uns wohnen. Mein Dreiervorschlag: Die Straße frei für Fritz Muliar, Louise Martini und Ernst Hinterberger! Der Volksschauspieler, die First Lady of Kabarett und der Arbeiterdichter als Fixpunkte auf dem Stadtplan könnten uns weit mehr ersparen als fiktive Taxikosten – nämlich auch den Vorwurf, die Stimmen unseres Herzens totzuschweigen.

DIE „CANAVASTI-GASS'N“ WAR MEINE RETTUNG

Ein spätes Coming-out, wie man heute so gern sagt (früher einmal hieß so was Geständnis): Ich bin, mit 15, einmal ohne Fahrschein erwischt worden. Den „Schwarzkappler“ log ich frech an: „Ich hab leider kan Ausweis dabei – ich heiße Franz Branntwein und wohnen tu ich in der Canavasti-Gass'n fünf.“ Nur fünf hat gestimmt. Ansonsten gilt bis heute, wobei ich inständig auf Verjährung hoffe, die reine phonetische Wahrheit: Kana waß die Gass'n. Das ist, vor gut 40 Jahren, gottlob einigangen und war meine Rettung vor der gerechten Strafe.

Sie meinen, das war an der Grenze? Da sage ich nur: Diese Adresse gibt's tatsächlich – im 14. Bezirk (wo bis 1938 die Stadt endete)! So wie's in unserem Wien neben der Himmelstraße im 19. zum Ausgleich An der Hölle im 10. Bezirk gibt (abgeleitet von einer Höhle, die sich dort einst befunden habe). Ich stell mir grad vor, wie ein Polizist einen Autofahrer beamtshandelt und fragt: „Na, wo wohnen Sie?“ Die Antworten (zur freien Entnahme): An der Ostbahn (10.), In den Kräutern (17.), In der Krim (19.), An der Au (23.), In der Wiesen (23.), Im Winkel (18.), Am Schulweg (11.) oder gar Unter der Kirche (11.) – gibt's in derlei Fällen am End' „taxfrei“ Sonderbußgelder (sozusagen einen Systemschein)? An der Hülben (1., nach einem Tümpel) und An den langen Lüssen (19., nach einem, durch Los, zugewiesenen Ackerteil) wirken dagegen direkt harmlos. Aber fragen S' doch amal wen: „Wo is'n de Quergass'n?“ Wo? Überall! Da, dort, drüben, links, rechts. Weit gefehlt: De-Quer-Gasse gibt's (seit 1885) in Hernals – benannt nach dem edlen Wohltäter Louis Maximilian Chevalier De Quer (1801–62).

DIE DONAUINSEL – DAS WOODSTOCK VON WIEN

Wer sich tatsächlich an die Sechziger erinnert, „der hat sie nicht erlebt“. Das sagte einmal der große britische Schauspieler Michael Caine, seit kurzem knackige 80. Was er damit wohl meinte: Diese Zeit war so aufwühlend, dass man sie nur mit allerlei – nach wie vor verbotenen und keinesfalls ratsamen – Substanzen bewältigen konnte. Völlig nüchtern betrachtet lässt sich heute sagen: Wer damals etwa in Woodstock, dem sagenhaftesten Musik-Event der Geschichte, dabei war und sich nicht mehr an die Musik erinnert (von Joan Baez bis Jimi Hendrix), der geht heute im günstigsten Fall selber am Wood-Stock. Wenn er's überlebt hat, weiß er: Das war ein Holzweg.

In Wien gibt's seit dreißig Jahren den wunderbaren, weltbewegenden und wiederkehrenden Wahnsinn frei Haus, vor der Haustür: das Donauinselfest. 200.000 Fans bei einem „Gig“ (Konzert) sind keine Seltenheit. Und wie sehr es die Menschen eint, bündelt und zur lebenslang verschworenen Gemeinde formt und schweißt, auch wenn es in Strömen regnet, wissen alle, die jemals bis auf die Knochen durchnässt und bis ins Mark getroffen inmitten der unüberschaubaren Menge mitfieberten. Der große deutsche Denker Jean Paul sagte schon vor fast 200 Jahren: „Die Erinnerung ist das einzige Paradies, aus dem man uns nicht vertreiben kann.“ ICH habe dort zum Beispiel (1993) Falco hautnah erlebt. Das kann mir niemand mehr wegnehmen. Hätte ich je Enkelkinder, würde ich ihnen davon berichten. Täglich. Die ganze Welt bewundert und bestaunt zu Recht den Opernball, den Life Ball, das Neujahrskonzert und die Streif-Abfahrt, aber immer, wenn es heißt, Österreich wäre eine „Insel der Seligen“, denke ich an die Donauinsel. Woodstock war einmal, aber „die Insel“ ist jedes Jahr legendär!

WAS „KOSTET“ EIN FOTO MIT MIR? EINEN LACHER!

Womit wir uns weltweit auf die Brust und auf den Bauch klopfen, „gehört“ in Wahrheit den Mailändern: Das Wiener Schnitzel kommt nämlich aus Mailand. Die Urform unseres Nationalgerichts reiste einst von der Lombardei aus über Venezien und Konstantinopel in Österreich ein. Der Bröselteppich ist demnach ein Nationalgericht mit Migrationshintergrund und, abzüglich des Parmesans in der „Panade“, ein vorbildlich integrierter Verwandter der „Piccata milanese“. Vorgerückte Semester erinnern sich auch sicher noch der zugespitzten Schuhe der 1950er, die als „Milano-Bock“ sprichwörtlich wurden. Und, so nebenbei: Die Mailänder Straßenbahn (1881) ist zwei Jahre älter als die Wiener Tramway. Das erste Dampfross tuckerte dort so unüberhörbar daher, dass es ein eilender Mailänder „Gamba de legn“ (Holzbein) taufte.

Als ich mit meiner Frau am Piazza del Duomo den Sightseeing-Bus erklomm, trafen wir Michael & Renate aus Linz, die, wie wir, für ihre zweimal 20 Euro Fahrpreis einen 50er bereithielten. Doch die Schaffnerin („Conduttrice“) konnte nicht rausgeben und versprach, das Wechselgeld in Bälde aufs Oberdeck nachzureichen. Dort, mit dem 600 Jahre alten Dom im Hintergrund, bat mich Michael um ein Erinnerungsfoto mit seiner Renate. Kaum Platz genommen, kam die Dame mit den zwei Zehnern, von denen mir Renate prompt einen weiterreichte. Da hörte ich, wie der Herr hinter uns seiner Angetrauten anvertraute: „Hast des g’seg’n? Also, für a Foto mit DEM zahlert i net amoi an Fünfer!“ Wien ist ein Dorf. Und Mailand sein Vorort. Fest steht nur: Als Fotomodel werd’ ich’s weder da noch dort schaffen …

WARUM NENNEN WIR POLIZISTEN „KIBERER"?

Schön der Reihe nach, damit's sowohl die Uniformierten als auch die Uninformierten in dieselbe (Reihe nämlich) kriegen: Woher stammt der „Kiberer"? Am ehesten vom Hebräischen: „Kewjus" (Sicherheit) beziehungsweise „kiben" (schimpfen). Also einer, der mit Sicherheit schimpft. Und die „Heh"? Entweder vom lautmalerisch nachempfundenen Anhalte-Anruf Augenblicke vor der Amts(be)handlung oder vom mittelalterlichen rotwelschen Begriff für den Scharfrichter: „Hecher". Seltsam korrupt klingt die „Schmier". Bezahlte Beamte, bei meiner Seel'?

Weit gefehlt – das Wort verdanken wir dem jiddischen Wächter: „Schmiro". Inspirierte Aufmüpfige könnten mit dem witzigen (Wider-)Spruch punkten: Schwirro, Schmiro! Zu guter Letzt: der „Spinatwachter". Schon Karl Farkas selig nannte Polizisten „in grünes Tuch gehüllte Abführ-Mittel". Aber der Spitzname geht nicht auf die Bekleidungsfarbe zurück, sondern auf jene k. u. k. Zeiten, als kaiserliche Kiberer das Glacis (die freien Felder vor den einstigen Stadtmauern, den heutigen Ring) und den wild „ins Kraut schießenden" Gemüseanbau überwachten und häufig gnadenlos zurechtstutzten.

Übrigens: Mein lehrreichstes Polizei-Erlebnis bleibt mir auf ewig lieb und vor allem teuer. Als ich, kurz vor Kassaschluss, in die Bank gehuscht und danach zu meinem kriminell geparkten Auto geeilt war, befestigte dort eine Politesse gerade den hochverdienten Strafzettel. „Gehn S'", säuselte ich, „ich hab doch nur g'schwind a Geld g'holt." Sie lächelte – „Das ist natürlich was anderes!" –, zerknüllte das Ticket und sagte zu meiner (buchstäblichen!) Erleichterung: „Dann können S' die 36 Euro ja glei' bar zahlen."

ALS DER OPERNBALL UND ICH DIE „UNSCHULD" VERLOREN

Kolumnen-Kollege Rapp pflegt mich stets zu pflanzen, aber am liebsten auf offener Bühne: „Beim Opernball hast ma diesmal ganz gut g'fallen." – Ich: „Beim Opernball? Den hab ich doch gar nicht moderiert!" – Er: „Das mein' ich ja."

Nun: Meine 20 Mal als rasender Reporter mit eingenähtem Fracksausen haben ORF und Publikum offenbar gereicht. Mir auch. Man darf eh nur drei Fragen stellen: 1. Gell, das ist der schönste Ballsaal der Welt? 2. Gell, das erlebt man nur in Wien? Und 3.: Werden Sie heute noch tanzen? Ab einer „freien" Frage 4, etwa: Woher haben Sie diesen unmöglichen Fetzen, gnä' Frau?, landet man flugs am eigens für Opernball-Moderatoren errichteten „Störenfriedhof". Zu gewinnen gibt's in dieser steif geschlagenen Schaum-Rolle also herzlich wenig, außer Häme und Karrierebeschädigung.

Nein, es gibt doch was! Die Erinnerung. Meine prunkvollste Perle aus einer klimpernden Kette klotziger Klunker: 1990 durfte ich Prinzessin Caroline von Monaco verfolgen. Acht Stunden lang, jeweils vier vorm „Sacher" und vor Loge 11 – eine Tortur ersten Ranges im ersten Rang. Als sie vom Hotel zur Oper schritt, zerriss ihr Kleid, weil ihr der hinterherwieselnde Protokoll-Fuzzi drauflatschte: Erst stieg man ihr auf die Schleppe, dann schleppte man sie auf die Stiege. Die irre Pressemeute versetzte den „privaten Ehrengast" einer über 40 Ecken mit ihr verwandten Wiener Salonlöwin in pure Panik. Sie bunkerte sich ein, wurde zur grimmigen Grimaldi, rauchte 60 Tschick und gab sonst kein Zeichen von sich. Als sie kurz nach Mitternacht abrauschte und ich ihr ambulant das Mikro hinhielt, verpasste mir ihr Bodyguard einen Magenhieb.

Ich gestehe, dass ich im Affekt mit einer Gnackwatsch'n antwortete – er hätte mich in 0,2 Sekunden getötet, wäre er nicht ausschließlich auf sein Frauerl fokussiert gewesen. Seither trau ich mich nimmer an die Côte d'Azur, weil MEIN blödes Gesicht hat sich die Kampfmaschine, Typ Golfball auf Kleiderkasten, der viel rohes Fleisch frühstückt, sicher auf ewig eingeprägt. Seither vernehme ich das Kommando „Alles Walzer!“ verlässlich als „Alles Schnalzer!“. Und warum der Opernball seine Unschuld verlor? Nun: Richard Lugner sah, was man mit großen Namen an- und ausrichten kann – und begann fortan, im Wühltisch der Weltstars aller Gewichtsklassen zu trüffeln. Seit 1990 ist alles anders. Ich weiß es. Ich war dabei.

EIN MÄRCHENSCHLOSS NAMENS DANCING STARS

Es war einmal – so beginnen die meisten Märchen. Es war einmal und es war einmal schön – das sang Erika Pluhar vor Jahrzehnten über eine beendete Beziehung. Beides hat mit „Dancing Stars“ zu tun. Glauben Sie mir bitte: Ich weiß, wovon ich erzähle. Ich war dabei. Okay, es ist fünf Jahre her und es haben damals wohl mindestens fünf berühmtere Zeitgenossen abgesagt, ehe man auf mich verfiel, aber das 2004 von der BBC ersonnene weltweite Erfolgsformat, das in Finnland unter „Tanssii tähtien kanssa“ läuft und in Polen „Taniec z Gwiazdami“ heißt, hat mich für die Halbwertszeit einer hiesigen Promi-Karriere „unsterblich“ gemacht. Das Hauptabend-Gewalze birgt eine ungeheure Breitenwirkung und erreicht allein in puncto Wahlbeteiligung den Rang einer Volksabstimmung. Man ist für die Dauer der Staffel eine gesellschaftspolitische Größe.

Zur Erinnerung: Ich stolperte und holperte damals als anerkannt taktloser Tatschbär bis in Runde 6. Mehr unter Schmerzen als mit Scherzen. Denn: Tanzen ist – in seiner hehren Form – reiner Leistungssport. So verlor ich 15 Kilo, die ich bald danach wiederfand. Meine Rolle, die ich gar nicht erst „spielen“ musste: der tapsige Clown. Damit sind wir bei der soziopsychologischen Analyse der angeblichen „Show“, die bei Lichte beseh’n ein „Dschungelcamp mit Lackschuach“ ist, wie es Joesi Prokopetz in eine brillante Ferndiagnose fasste. „Dancing Stars“ zwingt VIPs dazu, es mit ihrem Innersten zum Äußersten zu treiben. Öffentlich leiden, schwitzen und scheitern – dazu gehören Mut und Übermut. Wer nur den coolen Hund darstellt, fliegt verlässlich, meist im Frühstadium und hochkant, raus. Der Moloch Publikum giert nach Menschen in Verzweiflung. Und die Fans lieben es, wenn Society-Sirenen, Soubrettl-Jausner und Buffet-Touristen für „ihr Geld“ quasi „über Gebühr“ nichts vorführen, sondern vorgeführt werden und sich formvollendet verrenken.

Ein modernes Märchen schon die Besetzung: die schöne Prinzessin, der edle Ritter, der alte König (Rapp!), die böse Schwiegermutter, die intrigante Tante, das unschuldige Kind und der Hofnarr. Als solcher bin ich seither zur Wahrheit verpflichtet. Viel Vergnügen beim Wiedererkennen aller Typen. Mein Siegertipp für heuer: Prinz Morgenstern. Wetten?

EIN BISS-CHEN LIEBE, EIN BISS-CHEN FRIEDEN!

Ein Leben ohne Hund ist ein Hundeleben – schon der große irische Literaturnobelpreisträger George Bernard Shaw (1856–1950) ahnte es: „Vielleicht stünde es besser um die Welt, wenn die Menschen Maulkörbe bekämen und die Hunde Gesetze." Nun ist auch die (vermeintlich!) „kalte Hundeschnauze" Rapp wieder (nach 35 Jahren „ohne") an der Leine! Wie er mir berichtet, sah er auf Hinweis einer engen Freundin und engagierten Tierschützerin das Bild von „Fredo" im Internet. Ein bejahrter Behaarter, in den sich Rapp augenblicklich verliebte. Also setzte er sich ins Auto, fuhr stracks nach Budapest und befreite „Fredo" aus der Tötungsstation. Was er nicht wissen konnte: „Fredo" ist, trotz vorgerückten Alters, ein Problemkind. Er hat, durch seine mutmaßlich dunkle Vergangenheit, „„Aggressionspotenzial". Am zweiten Tag ihrer Freundschaft passierte es: Da biss der Rüde recht rüde in seine Rechte – man kann taxfrei behaupten: Peter ist „Fredo" buchstäblich „verbunden" – oder, wie er selber sagt: „Seither sind wir Blutsbrüder." Tröstlich: Rapp gab nicht auf. Er nahm „Fredo" mit zum Hundetrainer. Dort bekam „Fredo" einen römischen Einser, Peter ein höfliches „Zwei plus" als Zensur von den Experten. Und noch tröstlicher: „Mittlerweile schmusen wir schon miteinander. Ich hab ihn immer dabei, bei all meinen Auftritten." Ich weiß aus ganz persönlicher Erfahrung, wie so ein „Biss-chen Liebe, ein Biss-chen Frieden" zur Kennmelodie und zum Leitmotiv des Lebens werden kann. Ich lebe mit meiner Frau und mit „Lucy" zusammen. Wir beide, „Lucy", eine Chihuahua-Dame, die ihre eigene „Größe" ignoriert, und ich, akzeptieren meine Frau bedingungslos als Rudelführerin und kämpfen seit fünf Jahren um Platz 2 in der häuslichen Hackordnung. Ich verliere zusehends an Boden. Aber ich füge mich. Denn: Ich weiß auch, dass es keinen blöden, schiachen oder gemeinen Hund gibt – jedenfalls nicht unter den Hunden. Oder, wie Rapp auf die Frage antwortete, ob er und „Fredo" sich bereits ähnlich sähen: „Nein, weil ER ist schön ..."

DER WITZ AM FUSSBALL? LÄCHELN STATT HECHELN!

Ist Fußball der älteste Sport der Welt? Ja, denn er findet schon in der Bibel Erwähnung! Im Alten Testament steht zum Thema „Sintflut" (sinngemäß): „Der Herr sprach zu Noah: Geh du in den Kasten, ich stürme!" Und im Neuen Testament heißt es: „Jesus trat ins Tor, die Jünger standen abseits." Wer das Rasen auf dem Rasen als Ersatzreligion betrachtet, glaubt sicher dran. Der große Satiriker und Fußballexperte Werner Schneyder, der selbst einmal zwischen den Pfosten „dilettierte", sagt wiederum mit dem Brust-Ton der Überzeugung, dass in jedem von uns ein Tormann steckt: „Denn bevor der Mensch läuft, springt oder wirft, tappt er nach den Bällen." Laut dem legendären, aber glücklosen österreichischen Teamchef Leopold Stastny haben alle Torleute einen leichten „Huscher". Darauf machte er sich sogar einen Reim: „Es gab einen Vater, der hatte zwei Kinder. Das eine war Tormann, das and're war g'sünder." Worauf ich hinauswill: Es lohnt sich, den Witz am Fußball auch in seinen Witzen und Witzigkeiten zu suchen. Frei nach dem Motto: Lächeln statt hecheln!

Auf die Frage, was er nach der aktiven Karriere zu tun gedenke, antwortete einst Lothar Matthäus: „Schiedsrichter kommt für mich nicht infrage – eher irgendwas, das mit Fußball zu tun hat." Dabei sind die Männer in Schwarz gelegentlich sogar Lichtgestalten – ein exemplarischer Fall ist und bleibt Wolf-Dieter Ahlenfelder, der 1975 die erste Hälfte der Bundesligapartie Bremen gegen Braunschweig bereits nach 35 Minuten abpfiff. Dafür gab es einen buchstäblich „klaren" Grund: Er hatte nach eigenen Angaben zum Mittagessen „ein Bier und einen Aquavit" zu sich genommen, denn: „Wir sind Männer, wir trinken kein Fanta!" Die Kombination Bier-Aquavit gilt seither als „Ahlenfelder Herrengedeck".

Mein Schlusspfiff für diesmal aber ist der Dialog zwischen dem schlampigen deutsch-holländischen Genie Willi „Ente" Lippens und einem ebenso humor- wie grammatikbefreiten

Referee. Dieser sagte: „Ich verwarne IHNEN!“ Darauf Lippens: „Ich danke SIE!“ Prompt flog er vom Platz. In diesem Sinne: Bis zum nächsten Mal, wir sehen sich!

ES IST GANZ LEICHT, MICH ZUM LACHEN ZU BRINGEN!

Die wichtigste Meldung, gewissermaßen als Gebrauchsanweisung, vorneweg: Der Mensch, behaupten Mediziner, hat in beiden Mundwinkeln Akupressurpunkte, die durch simples Aktivieren augenblicklich Wohlbefinden herbeiführen. Nun kann man dort mit den Fingern draufdrücken, was in der Öffentlichkeit aber möglicherweise seltsam anmutet. Viel einfacher ist es, zu lächeln, zu schmunzeln oder am besten gleich herzhaft zu lachen. Dazu mein Appell: auch über sich selbst. Denn Humor ohne Selbstironie ist gar keiner.

Daher fasse ich meine jüngsten Lach-Anlässe unter dem Titel „Schlagzeilen und Schlagfertigkeit“ zusammen. Hier nun die unfreiwillig komischsten Schnipsel aus dem umgestülpten Papierkorb der Weltpresse: „Chirurgie plant Einschnitte beim Personal“ deutet auf Patientenmangel hin; „Optiker nach Einbruch fassungslos“ kann man nur durch die heitere Brille lesen; für den Hinweis „Schnupperkurs am langen Tag des Darms“ braucht man schon, wie man in Wien sagt, a gutes Magerl; bei „Motorsägenkurs für blutige Anfänger“ kommt vermutlich wieder Glanz in die trüben Augen der oben genannten unterbeschäftigten Chirurgen; die an sich erschütternde Meldung „Hund von Salma Hayek grausam getötet“ gewinnt durch den sinnentstellenden Satzbau wenigstens eine satirische Note – es erinnert an den Klassiker „Prinzessin Anne nach einem Sturz vom Pferd operiert“ (was diesfalls auf einen dramatischen Ärztemangel im Königreich hinweisen möchte).

Die so empörte wie empörende Nachricht „Skandal: Messi blieb bei Flaschenwurf unverletzt“ fällt in die Kategorie des unzulässigen Kausalzusammenhangs, ähnlich wie „Ronaldo kam aufs Spielfeld, nur um wenig später verletzt auszuscheiden" (schwer vorstellbar, dass der Ausnahmekicker genau diesen Plan verfolgte). Zu guter Letzt aber, wie versprochen, zur Schlagfertigkeit, die meine mühsam erworbene Fähigkeit zur Selbstironie arg strapazierte. Als ich unlängst hinter einem Radfahrer herstrampelte und an seinem Gefährt einen weichen Hinterreifen erkannte, sagte ich ihm bei der nächsten roten Ampel: „Sie ham hint' a bissl wenig Luft." Die atemberaubend wunderbare Antwort des anonymen Straßenkameraden: „Na, san S' do dankbar, sunst waratn S' scho umg'fall'n!" Das war kein Lercherlschas!

DIE SCHLAGFERTIGKEIT IST EIN KIND AUS WIEN

Ja, die Rede ist von Schlagfertigkeit – ein Begriff, der seine Wurzeln leider in der physischen Gewaltanwendung hat, bezeichnete er doch die „Fertigkeit" zum „Schlag". Bereit und willens zu sein, im friedlichen Miteinander verbal sofort hin- oder zurückzuhauen, ist dagegen eine glückhafte Gabe, auch wenn sie oft nicht weniger schmerzhaft für den Betroffenen ausfällt. Die Engländer nennen es „ready wit", was man wohl am besten mit „schnölla Schmäh" ins Wienerische übersetzt. Warum ich Wien für die Wiege der Schlagfertigkeit halte, will ich mit wenigen Beispielen belegen – das Muster lautet jedenfalls so: A sagt: „Ich war heute beim Friseur." Darauf B: „Schad, dass d' net drankommen bist." Oder: B fragt: „Haben Sie schon gegessen?" Darauf A: „Schon oft." Ein Achtjähriger wird von seinem Onkel gefragt: „Na, weißt du schon, was du einmal werden willst, wenn du erwachsen bist?" Die Antwort in Lichtgeschwindigkeit: „Nein, und du?" Jüngst berichtete ich Peter Rapp stolz, dass ich beim Ausmustern meiner Garderobe zwei Dinge gefunden hätte, die mindestens 30 Jahre alt sind und mir noch immer passen wie angegossen. Darauf Rapp: „A Schal und a Krawatt'n?" Meinem bewunderten Kollegen Karl Hohenlohe verdanke ich die Anekdote über einen schrulligen Verwandten, der sich gern bunt und auffällig zu kleiden pflegte. Als er einmal in feiner Gesellschaft auf eine Dame traf, die einen Smoking trug, meinte er: „Sie sehen fast aus wie ein Mann." Darauf die Angesprochene: „Sie auch." Zum Schluss noch zwei Golf-Storys. Der eitle Stümper fragt seinen Caddy: „Na, wie gefällt Ihnen mein Spiel?" Darauf dieser: „Nicht schlecht, aber Golf g'fallt ma besser." Und: Ein talentbefreiter Spieler protzt im Klubhaus: „Ich habe heute zwei gute Bälle geschlagen!" Darauf der Greenkeeper: „Ach, Sie waren das, der auf meinen Rechen gestiegen ist." So begreift man das Wort „schlagfertig" in seiner vollen Wucht: Da war jemand mit einem Schlag fertig.

DAS ZAUBERWORT FÜRS GANZE LEBEN: „OIDA!“

Sie heißt Ewa Placzynska, ist 32, Schauspielerin, hochbegabt, blitzgescheit und bildhübsch auch noch. Mit zwei Jahren kam sie mit ihren polnischen Eltern nach Wien. Nach der Matura studierte sie Theaterwissenschaft, ging bald ans „Lee Strasberg Institute“ in New York und fand, der Liebe wegen, ihre Heimat in Kanada. Nun: „Man kann Wien verlassen, aber Wien verlässt einen nie“, sagte ein kluger Kopf einmal. Die stärkste verbale Kindheitserinnerung verwandelte Ewa nun in das Internet-Video „How to speak Viennese using only one word“ (wie man Wienerisch mit einem einzigen Wort beherrscht), das bereits eine Dreiviertelmillion Mal in den sozialen Medien angeklickt wurde.

Dieses Zauberwort fürs ganze Leben in dieser Stadt lautet: „Oida!“ Überprüfen Sie es doch selbst: Ob verwirrt, verletzt, überrascht, gelangweilt, hilflos, überfressen, angefressen, angetrunken, empört, triumphierend, niedergeschmettert, geschmeichelt, unschlüssig, verwundert oder begeistert – der Ausruf „Oida!“ eignet sich, in der jeweils angemessenen Tonalität, offenbar für jede emotionale Befindlichkeit. Sogar für den ungünstigen Fall, trotz dringendem Bedürfnis nach Stoffwechsel vor verschlossenen Türen herumzutänzeln wie der Erfinder des Charleston: „Oiiiiidaaaaa!“ Aber bitte: Was heißt „Oida“? Die Herkunft ist leicht erklärt: Es ist ein Dialektwort für „Alter“ – im Sinn von „betagter Mann“. Warum sich auch blutjunge Menschen trotzdem so begrüßen, ist rätselhaft. Aber das nur nebenbei (andererseits neigt mein Kolumnen-Kollege Rapp, 73, gern dazu, mich, demnächst schlanke 60, mit der Formel „Servas, Jungspund“ wahrzunehmen). Ich gestehe verschämt: Ich hab noch nie „Oida“ gesagt und hier zum ersten Mal überhaupt geschrieben. Ich bevorzuge: Hot's di?, Wie is da denn?, Mir scheint!, Schleich di!, Geht's no?, Kumm ma net aso! Und Pfausawaunsinn!

Zum Stichwort „Alter“ kann ich daher nur zwei Anekdoten beisteuern. Beide handeln von der (mit „XY“ bezeichneten)

Wiener Operettendiva, jeweils am Steuer ihres Autos, die bei einer nächtlichen Verkehrskontrolle leider keine Papiere vorweisen kann. 1. Polizist: „Name?" Diva: „XY". - „Und Ihr Alter?" - „Der sitzt gleich neben mir." 2. Polizist: „Name?" Diva: „XY." - „Und Ihr Alter?" - „Man gibt mir 62." -„Nehmen Sie's, gnä Frau, nehmen Sie's!"

HÖCHSTE LEBENSQUALITÄT + TIEFSTER SCHMÄH = WIEN

Als unverbrüchlicher Ureinwohner fühlt man sich derzeit wie in der berühmten Watschenmaschin' - quasi zwischen „Mercer" und „No Mercy" (keine Gnade), denn: Die New Yorker Beratungsgesellschaft „Mercer" setzte Wien 2017 zum mittlerweile achten Mal in Folge auf Platz 1 der Städte mit der höchsten Lebensqualität weltweit. Die Jury - an den jeweiligen Standorten arbeitende Ausländer („Expats") - sah uns nach 39 Kriterien vor 230 mächtigen Mitbewerbern wie Zürich, Kopenhagen, Vancouver oder Singapur. Hurra! Das war im sonnigen März. Doch dann kam der trübe November: Da erhob das Münchner Netzwerk „InterNations" unter 13.000 Befragten Wien mit 39 Prozent als zweitunfreundlichste von 51 Städten, nur „untertroffen" von Paris. Böse formuliert: Die Stadt der Lieblosigkeit vor der Metropole der ungemütlich Werdenden.

Am besten in puncto Freundlichkeit gegenüber Einwohnern aus der Fremde schneidet übrigens die Hauptstadt des arabischen Sultanats Oman ab, Muscat. Aber das interessiert uns jetzt Nüsse, gilt es doch, dieses Wechselbad der gestreichelten und der geprügelten Gefühle zu analysieren. Auf gut Wienerisch: Warum san de oman und mir untna? Schon der große deutsche Komponist Richard Strauss erwies sich einst als eher dorniger „Rosenkavalier", als er unsere Mentalität taxierte: „Falsch sind die Leut' überall, aber in Wien san s' halt so angenehm falsch." Falsch von mir aus, aber unfreundlich?

Liegt diese Fehleinschätzung nicht vielmehr am Unverständnis der Orts- und Seelenunkundigen in dieser Stadt? Die Formel „Höchste Lebensqualität + tiefster Schmäh = Wien“ darf man nicht so einfach stehen lassen, beruht sie doch auf der irrigen Annahme, „Schmäh“ käme nur von „Schmähung“. Nein, er leitet sich laut Etymologen auch vom jiddischen „Shema“ für Erzähltes, Gehörtes, Geglaubtes ab. Erzählen stimmt, hören stimmt, aber, liebe globale Gäste an unseren Gestaden, glauben dürfen S' bitt' schön net alles. Außer wir verzichten lieber auf den großen Freundlichkeitspreis als auf eine kleine Gemeinheit. Also kränken S' Ihna net, wenn der Gastgeber einer Party zum Abschied sagt: „Schön, Sie so lange nicht gesehen zu haben – kommen S' doch einmal wieder, wenn S' weniger Zeit haben.“ Seien Sie jetzt nicht schmähstad, sondern erwidern Sie ungerührt: „Ich werde diesen Abend nie vergessen – so sehr ich es auch möchte.“ Denn dann werden Sie schneller für einen echten Wiener gehalten, als Ihnen lieb ist.

ES WAR OFT SCHMERZHAFT, ABER IMMER ZUM LACHEN

Der Säulenheilige der Gesellschaftsberichterstattung (Kolumne heißt schließlich Säule) ist und bleibt hierzulande der Krone-Ur-„Adabei" Roman Schliesser (1931–2015). Über Jahrzehnte hin prägte er das Genre, wobei er gelegentlich niedrige Instinkte auf hohem feuilletonistischem Niveau in die Spalten rückte. „Bei mir", pflegte er zu sagen, „haben die Leut' dreimal geheiratet, ohne sich scheiden zu lassen." Und, als er sich zurückgezogen hatte, gestand er: „Wunderbar, plötzlich unwichtig zu sein."

Das war meine Initialzündung für eine (hoffentlich) bühnenreife Bilanz meines eigenen Fortwurschtelns in dieser Branche. Bald sind es 40 Jahre, seit ich meine Seele in Druckerschwärze tauchte. Und ich verrate hier erstmals und exklusiv: Meine Karriere begann mit einer Bestechung. Als blutjunger freier Mitarbeiter des KURIER lieferte ich zwei- bis dreizeilige Matchreportagen aus dem Wiener Unterhaus. Und machte mich gleich schuldig.

Wir schreiben das Jahr 1979. Als Publizistik-Student darf ich vom Spiel Kaiserebersdorf gegen Stadlau berichten. Ich betrete den Platz, als sich ein Herr nähert, der sich jovial als Kantineur vorstellt: „Hurch, Herr Reporter. Murgn feiert mei' Bua sein' 25er. Des is der mit'n Zehner. Sei so guat und druck eahm fett." Dazu muss man wissen: Fett gedruckte Spielernamen standen für „herausragende Leistung".

Als ich zögerte – „Das Spiel hat ja noch gar nicht begonnen" –, sagte der Herr: „Wurscht. Druck eahm fett. Es soll dei' Schaden net sein!" Und er drückte mir wie zufällig ein Schmalzbrot mit reichlich Zwiebel und einen G'spritzten mit reichlich Wein in die Hand. Das Spiel endete spannungs- und leistungsfrei 0:0, der beste Mann auf dem holprigen Platz war eindeutig der Schiedsrichter, der Zehner, also der Jubilar, war niemandem (außer seinem Vater, der ihn 90 Minuten anfeuerte) weiter aufgefallen. Aber ich ließ ihn dank meines Telefonats mit der Redaktion fett drucken. In der Schmalzbrot-Sprache: Ich wurde von Anfang an geschmiert. Ich hoffe hier und heute inständig auf Verjährung.

WÖRTER, DIE WIR RETTEN SOLLTEN

Die Sprache ist ein lebendiges Gebilde und daher sterben auch manchmal Wörter. Das will ich aber nicht – jedenfalls in ganz bestimmten Fällen. Daher gründe ich hier und heute mit dieser Kolumne hochoffiziell die „Liste Leiwaund“ als Bürgerbewegung gegen das Verschwinden wunderbarer Wiener Wendungen. Und ich lade Sie, verehrte Leserschaft, dazu ein, mich dabei nach Kräften (rein verbal) zu unterstützen.

Manch bezaubernde Begriffe sind nämlich akut vom Dahinscheiden bedroht. Hier sind meine Top Ten der bedauernswerten Todeskandidaten.

10. „Papierln“: Was die Bundesdeutschen unter „Piesacken“ und „Triezen“ erahnen, wurde in Wien quasi erfunden: das Sekkieren und Karnifeln (meist von Amts wegen oder vom Chef abwärts), das einen wurmt, magerlt und kramperlt. Im Duden müsste stehen: „Uneigennützig verabreichte Seelenqual, rein aus Lust an der Bosheit“.

9. „Ausfratscheln“: Hartnäckiges Nachhaken und „Stierln“, um die eigene Neugier zu befriedigen. Meist in der Floskel „Loss di net ausfratscheln!“ geradezu als Warnung verpackt.

8. „Überwuzelt“: Das führt in der Küche wie in der Kosmetik, etwa bei der Mohnnudel oder der jahrgangsmäßig vorgerückten Mitbürgerin, zur Unansehnlichkeit.

7. „Lahmlackert“: Behäbig, „dostig“, unentschlossen.

6. „Ghörtsich“: Was für ein hinreißender altösterreichischer Begriff für Etikette, gutes Benehmen und gesellschaftliche Umgangsformen. Angeblich auch im ungarischen Wörterbuch (der Monarchie selig sei Dank) unter „Kerzich“.

5. „Hoppertatschig“: Aufmüpfig, übermütig, unbotmäßig. Merke: Tramhappert ist ziemlich exakt das Gegenteil.

4. „Ozwickta“: Mensch von geringer Körpergröße. Das ist zwar „politically incorrect“, steht aber als liebevolle Verbalinjurie (für mich jedenfalls) unter Artenschutz.

3. „Krallawatschert“: Unordentlich, schlampig, schadhaft (gilt sowohl für den Menschen als auch für seine Kleidung).

2. „L'amour-Hatscher“: Sanfte, langsame (Tanz-)Musik, bei der sich horizontale Sehnsüchte vertikal anbahnen.

1. „Bonjourl“ (sprich: Bonschurl): Und genau das ist die „Heimleserfrage“ für heute! Was mag das bedeuten? Nur ernst gemeinte Zuschriften und weitere ambulante Hinweise erbeten!

ICH GESTEHE, EIN HANDY RETTETE MIR DAS LEBEN

Das Mobiltelefon hielt vor 45 Jahren (als B-Netz) auch in Österreich Einzug. Seither war die Gesprächsgurke schon alles: peinlich, aufdringlich, lächerlich und nicht nur in meinem Fall von existenziellem Wert.

Meinem Kolumnenkollegen Peter Rapp verdanke ich die Erkenntnis: „Jetzt war mein Handy einen Tag lang kaputt. Ich hab mich mit Familie und Freunden direkt unterhalten - scheinen ganz nette Leut zu sein ..." Keine Frage: Die Errungenschaft, der der ganze Globus buchstäblich ins Netz ging, steht vermutlich in einem Rang revolutionärer und evolutionärer Genieblitze der Menschheit - so wie Feuer, Rad, Elektrizität, Flugzeug, Radio, Fernsehen und Internet. Jüngst las ich, dass es in Indien, dem Land mit der zweitgrößten Bevölkerung der Erde (knapp hinter China), mehr Mobiltelefone als Toiletten gibt. Da versteht man, dass manche Menschen den Fortschritt für besch*** halten.

Psychologen haben bereits eine eigene Krankheit erforscht: Nomophobie - die Angst, ohne Handy zu sein (abgeleitet von „No MobilePhone"). Lustig auch, dass die Schweizer „Natel" dazu sagen, die Türken (übersetzt) „Hosentaschentelefon" und die Dänen gar liebevoll, fast knuddelig „Nalle", was so viel wie „Teddybär" bedeutet. Noch ungeklärt durch Benimmpapst Thomas Schäfer-Elmayer: Legt man das Handy während des Essens links oder rechts vom Teller ab. So wie viele jüngere Menschen gern das Handy halten, nämlich im 90-Grad-Winkel vom Mund weg, möchte man ihnen gelegentlich gern ein Radl Wurst oder ein Blattl Kas drauflegen.

Was ich nie verstehen werde: Warum man ein Handy mit Gesichtserkennung in die Gesäßtasche steckt. Zu den tausenden Erlebnissen mit dem Handy habe ich drei Highlights: Da brät ein Mann bei einer Frau: „Wollen wir nicht unsere Handynummern austauschen?" Und sie sagt: „Nein, ich bin mit meiner Nummer ganz zufrieden!"

Vor gut 30 Jahren rettete mir ein Handy, damals noch ein richtiger „Knochen", vielleicht sogar das Leben. Fünf Freunde holten mich von einem Verlagshaus ab. Es war Freitagabend. Wir waren die Letzten, die gingen. Dann blieb der Lift stecken. Nix rührte sich. Niemand hörte uns. Keiner half uns. Die nächsten Menschen, die zu erwarten waren, war die Putzbrigade Montag in der Früh. Da zog just der verlachte Ultracoole aus der zusammengepferchten, von Panikattacken bereits heftig gebeutelten Gang sein „peinliches" Riesen-Handy – und nach einer halben Stunde waren wir von der Feuerwehr befreit. Seither lebe ich – und seither liebe ich die Gesprächsgurke.

Meine absolute Lieblingsgeschichte zum Thema „Körpertelefon" aber ist jene von einem feierlichen Begräbnis. Auf dem Weg zur letzten Ruhestätte tippte ein Trauergast dem Geistlichen, der der Gemeinde würdevoll voranschritt, auf die Schulter und fragte, demonstrativ sein Handy in Händen: „Tschuldigen, Hochwürden, haben Sie des Password für des WLAN von dem Friedhof?" Der Pfarrer zischte tadelnd: „Bitte respektieren Sie die Toten!" Darauf der gute Mann: „Dankeschön – alles klein und zsammgschrieben?"

WAS ICH BIN, VERDANKE ICH DEM GEMEINDEBAU

Ein kluger Mann sagte einmal: „Es ist nie zu spät für eine glückliche Kindheit." Wenn nun der soziale Wohnbau des „Roten Wien" zu Recht als Jahrhundert-Errungenschaft gefeiert wird – der Metzleinstaler Hof am Margaretner Gürtel wurde 1919/20 nach dem Ersten Weltkrieg als erster „echter" Gemeindebau der Stadt fertiggestellt –, dann bringt das ein virtuoses nostalgisches Symphonieorchester in meiner Seele zum Klingen. Ja, auch ich bin ein Kind „ausm Bau" – und ich habe keinerlei Veranlassung, diesen Umstand dünkelhaft zu verschleiern. Alles, was ich bin, denke und als unbeirrbarer Kultur-Optimist sehnsüchtig hoffe, verdanke ich diesen prägenden und unauslöschlichen Anfangsjahren meiner Sozialisation. Mein Vater, ein unendlich gebildeter (wenn auch durch seine beklemmende Biografie kaum herzensgebildeter) Handelsschullehrer, hatte als Kriegsversehrter, der beim Bund sozialistischer Akademiker Zuflucht fand, 1956 eine Gemeindewohnung in Liesing erhascht. 60 Quadratmeter, zweiter Stock, in der Canavesegasse. Meine Schwester war schon da, ich kam ein Jahr später.

Was sind meine stärksten Erinnerungen daran? Die Sandkiste, die Klopfstange, die seltsamen steinernen Wildschwein-Statuen, hinter denen wir uns später, als halbwüchsige ganze Kerle, versteckten, wenn wir, verstohlen die ersten Zigaretten paffend, erwachsene Respektspersonen – an erster und unangefochtener Stelle: die Hausbesorgerin – erspähten.

Ich entsinne mich der dutzenden Verbotsschilder, die wir selbstverständlich durchgängig ignorierten: Lärmen verboten, Betreten des Rasens verboten, Radfahren verboten. Ich entsinne mich freilich auch eines – heutzutage offenbar gänzlich aus der Mode und sogar aus dem Sprachgebrauch verschwundenen – Phänomens: Solidarität. Die Türen waren nicht versperrt, auch um nötigenfalls die Nachbarin um Zucker, Milch oder Butter zu bitten. Wir Kinder durften zu ihr und zu ihren Kindern, um fernzusehen – Kulenkampff („Einer wird gewinnen"), Otto Koenig („Rendezvous mit Tier und Mensch") und Rudolf Hornegg („Quiz 21"). Letztgenannten (ein Jauch plus Assinger hoch drei zum Quadrat seiner Ära) auch deshalb, weil der Frageonkel des ORF der frühen 1960er mir mein erstes Kennenlernen flächendeckender Popularität bescherte. Zugegeben: in erster Linie nicht mir, sondern meinem Vater, der in diesen Tagen – es gab nur ein TV-Programm, aber das dafür nicht täglich – ein landesweiter Superstar war. Er gewann in dutzenden Sendungen den (nach heutigen Maßstäben dürftigen) Höchstbetrag – und wurde, wann und wo wir auch auftauchten, von allen Menschen gegrüßt, gefeiert und angefeuert. Er war der angehimmelte Held des Gemeindebaus, jedes Bezirks und wie mir schien, sogar von ganz Wien. Alle zogen den Hut. Seither frage ich mich: Wann wurden die Gescheiten, Gebildeten und Belesenen in der allgemeinen Bewunderung gegen die Gerissenen, Verschlagenen und Niederträchtigen ausgetauscht?

LAUDA WAR AUCH WELTMEISTER DER WIENER WUNDERWUCHTEL

Wissen Sie, was „Lauda" im Lateinischen heißt? „Lobe, preise, rühme!" Nichts anderes habe ich vor – nie in 40 Berufsjahren habe ich einen authentischeren „Pflock in der Landschaft" kennengelernt als Niki Lauda, dessen Tod wir zu Recht bitter beklagen. Und ich rede hier nicht von seinen sportlichen und unternehmerischen Triumphen. Ich rede hier von seinem Schmäh, Marke „extra dry" – oder, wie man in Wien sagt: „Mutterwitz" beziehungsweise „kalte Hundeschnauze".

Lassen Sie es mich mit meinen fünf liebsten „Anikidoten" belegen:

1. Lauda checkt in einem Hotel im Mittleren Westen der USA ein. „Darf ich Ihren Namen haben?", fragt der Mann an der Rezeption. Lauda sagt: „Lauda." Darauf der Portier: „Ist das Ihr Vor- oder Ihr Nachname?" Lauda, viel später: „Welche Wohltat, einmal NICHT sofort erkannt und um ein Autogramm gebeten worden zu sein!"

2. Lauda in einem Restaurant in Los Angeles. Er strebt mit einigen seiner Airhostessen zum zugewiesenen Tisch. Der eilfertige „chaperon" (eine Art livrierter Platzanweiser) ersucht ihn: „Könnten Sie bitte aus Respekt Ihre Kappe abnehmen?" Lauda tut wie be- und empfohlen. Angesichts der jäh freigelegten Brandnarben auf Laudas Kopf erschrickt darob der gute Mann und rudert augenblicklich zurück: „Sir, darf ich Sie bitten, die Kappe aus Respekt wieder aufzusetzen?"

3. Lauda reist mit dem damaligen ORF-Sportchef Teddy Podgorski zu Dreharbeiten an einem großen TV-Porträt nach Venedig. Besprechung im Flugzeug. Podgorski: „Das Interview mach ma dann in einer Gondel." – Darauf Lauda (unfreiwillig?): „I hab gar net g'wusst, dass in Venedig a Seilbahn gibt."

4. Lauda sammelte selbstironisch Lauda-Witze. Er steuerte auch selbst einige bei. So behauptete er einmal: „Ferngespräche

führe ich am liebsten über mein verbranntes Ohr, weil da der Hörer am besten draufliegt."

5. Laudas Liebe zur Leisure-Wear, also sein Hang, sich bei jeder Gelegenheit locker, leger und unbeeindruckt in „seinem" Outfit zu zeigen: rotes Kapperl, offenes Hemd, roter Pulli, Jeans, allenfalls ein Cord-Sakko drüber.

Ein früher Weggefährte, der Handschuh-Peter (als Peter Peter einst Motorsport-Konkurrent Laudas, später Textilunternehmer), erinnert sich ans Begräbnis eines Rennkollegen: Lauda erschien – siehe oben – wie immer. Der um vieles größere und schwerere Peter: „Da hab ich mich so geniert, dass ich mich von hinten ang'schlichen und ihm einfach meinen schwarzen Mantel umg'hängt hab." Darauf Lauda ungerührt: „Danke, mir is net kalt." Da wird mir warm ums Herz. Ruhe in Frieden, Niki!

ICH BIN LINKSHÄNDER UND FORDERE GERECHTIGKEIT!

Empörend ist ja schon einmal die negative Punzierung des Wortes „links" – und das ohne jede politische Anspielung: Während das lateinische „dexter" für „rechts" als „passend, günstig und geschickt" durchgeht, gilt „sinister" für „links" als „düster, böswillig und unheilvoll". Hallo? Geht's noch? 15 bis 20 Prozent der Weltbevölkerung ist linkshändig und „leidet" also medizinisch an „Sinistralität".

Ich leide nicht daran, nur am sinistren Image! Dabei waren die größten (und gelegentlich grauslichsten) Genies der Geschichte damit „gestraft": Aristoteles, Nietzsche, Einstein, Newton, Da Vinci, Mozart, Beethoven, Michelangelo, Raffael, Rubens, Picasso, Goethe, Chaplin, Napoleon, Cäsar, Alexander der Große, ganz zu schweigen von Angelina Jolie, Julia Roberts, Nicole Kidman, Marilyn Monroe, Brad Pitt, Tom Cruise oder Osama bin Laden und Jack the Ripper. Erstaunlich ist es, dass die Wissenschaft bis heute nicht herausgefunden hat, warum es

Linkshänder gibt. Gottlob hat es sich aufgehört, Linkshänder schon in der Volksschule auf rechts umzudrehen.

Noch erstaunlicher, was die Wissenschaft über das Phänomen bisher herausgefunden hat, quasi mit „links“ (was ebenso eine Gemeinheit ist wie „zwa linke Händ“ für Tollpatsche oder die englische Bezeichnung für Sturzbetrunkene - „completely-left-handed“): Linkshänder rauchen mehr als Rechtshänder, werden aber eher Vegetarier als Rechtshänder, erholen sich schneller von einem Schlaganfall, sterben aber trotzdem früher.

Gut, dass wir das jetzt auch wissen. Befremdlich, dass in Japan - vor noch einem Jahrhundert! - ein Mann sich von seiner Frau scheiden lassen durfte, wenn er dahinterkam, dass sie Linkshänderin ist. Das passt zum römischen Sklaven als „beschädigte Ware“.

Letztlich tröstlich ist es, dass es so gut wie keine Linkshänder-Witze gibt – jedenfalls keine guten. Mit einer Ausnahme, wie ich finde: Ein Ehepaar spielt Golf. Zwischen Loch 5 und Loch 6 fragt er: „Wenn mir einmal etwas zustößt und ich sterbe, wärst du sehr traurig?“ - „Ja sicher, mein Schatz.“ Zwischen Loch 6 und Loch 7 fragt er: „Und würdest du noch einmal heiraten?“ – „Wenn der Richtige kommt, vielleicht.“ Zwischen Loch 7 und Loch 8 fragt er: „Und würdest du ihn mit meinen Golfschlägern spielen lassen?“ Darauf die Ehefrau: „Nein, er ist Linkshänder.“

TREFF' MA UNS NACH DER KRISE UM HALBER SECHSE BEIM WIRT'N!

Der brave Soldat Schwejk sagt mitten im Ersten Weltkrieg zum Abschied zu seinem Kumpanen: „Also, bis nach'm Krieg um halb sechs im Krug!" Etwa nach diesem Motto verabredete ich mich jüngst mit alten Freunden zur lokalen Wiedervereinigung am Stammtisch. Trotz der Warnung, dass sich das Virus am liebsten einen Wirt sucht. Vielleicht war es Galgenhumor, dass uns der betagte Witz beflügelte: Kommt ein Mann nach Wochen wieder in sein Beisl. Sagt der Chef vorwurfsvoll: „Gut, dass i Ihna siech! Fünf Bier san no offen!" Darauf der Mann trocken: „Na, die können S' jetz' wegschütten!"

Wenn man sich so lange nicht sehen durfte, ist man besonders anfällig für den Austausch, nein, nicht nach jenem von gefährlichen Körperflüssigkeiten, sondern nach Klassikern des Witzes im Wirtshaus. Etwa: Tritt der Ober an den Tisch der Dame und sagt: „Sehen Sie nicht, dass Ihr Mann unter den Tisch gerutscht ist?" Darauf die Dame: „Seien S' ruhig! Mein Mann kommt grad bei der Tür rein." Die Riposte meines speziellen Spezis Rudi: Fragt eine Frau die andere: „Kennen Sie meinen Mann?" - „Ja, ich hatte schon das Vergnügen." Darauf die erste Frau: „Wenn es ein Vergnügen war, dann war es nicht mein Mann ..."

Sehr lustig auch, wie der legendäre Hias (1950–2007), als „Urviech der Nation" ein zeitlebens sträflich unterschätzter subtiler Anarchist unter den Humoristen, sein Publikum begrüßte: „Schön, Sie so lang nicht gesehen zu haben!" Der „Musikantenstadl"-Moderator Karl Moik (1938–2015) erfuhr gnädiger Weise niemals, dass er anlässlich eines Gastspiels der ORF-Volksmusikparade in Südafrika nur deswegen von Nelson Mandela (1918–2013) zur Audienz vorgelassen wurde, weil ihn der Friedensnobelpreisträger mit dem großen völkerverbindenden Europapolitiker Alois Mock (1934–2017) verwechselt hatte. Namen sind bekanntlich Schall und Rauch – davon kann ich als jahrzehntelang jovial angesprochener Horstl (Chmela) mehr als nur eines seiner Lieder singen. Immerhin geht's mir besser als dem Musiker Harry Pierron, der gern gefragt wird:„ Sind Sie der Sohn von Pirron und Knapp?" Und der stets darauf antwortet: „Nein – NUR vom Pirron."

Ich selbst wurde einst einen halben Abend lang vom unvergesslichen, aber stark kurzsichtigen Udo Jürgens mit Dirk Stermann verwechselt. Zum Abschied sagte er mir: „Grüße an den Herrn Papa! Ich habe in meinem Leben keine bessere Stimme gehört als die von Ernst Grissemann!" Damit waren gleich drei Menschen mit einem Satz im Mark getroffen.

Als ich unlängst von einem Arztbesuch mit Mund-Nasen-Schutz auf die Straße trat, gebot mir eine Dame meines Alters Einhalt: „Sie erinnern mich an einen Fernsehsprecher! Sind Sie's?" Ich gestand. „Wissen Sie", sagte die Dame, „ich bin vor 18 Jahren nach Australien ausgewandert." Worauf ich sie fast anflehte: „Hoffentlich nicht wegen mir."

ES GIBT NUR SIEBEN WITZE, ABER DIE WIRKLICHKEIT SCHLÄGT SIE ALLE

Die wahren Pointen des Lebens sind die unfreiwilligen. Ein ausgeklügelt vorbereiteter Gag oder Joke hat meinen Respekt, aber am meisten erheitern mich die Perlen der Realsatire.

Schon vor mehr als einem halben Jahrhundert erkannte Karl Farkas, der unsterbliche Großmeister des Kabaretts, die ganze Wahrheit: „Es gibt nur sieben Witze – alle anderen sind Tanten, Onkel, Neffen und Nichten." Gemeint hatte er die Grundmuster jener, meist dankenswerterweise kurzen „fiktionalen Erzählungen, deren unerwarteter Ausgang die Zuhörer zum Lachen bringt" (laut Wikipedia). Erwin Steinhauer, der gern gnadenlose Dauer-Witzeerzähler mit Menschen vergleicht, die, ihm gegenüber sitzend, unentwegt niesen, was bereits vor Corona ein zweifelhaftes Vergnügen war, hält die Formulierung „I hob mi deppert g'lacht" häufig für eine glatte Schutzbehauptung.

Gelegentlich allerdings stößt man, entgegen Farkas' „Siebenerregel" auf neue, bisher unbekannte Verwandte. So entnehme ich dem ebenso erhellenden wie erheiternden Standardwerk „Sprachwitze" von Robert Sedlaczek meinen aktuellen Lieblingsjoke, für den ich kein Grundmuster fand: Zwei Freunde, einer kahlköpfig, sitzen auf dem Sonnendeck eines Kreuzfahrtschiffs, als eine Möwe dem einen auf die Glatze scheißt. Da reicht ihm sein Freund ein Stück Klopapier, worauf der Getroffene abwinkt: „Viel zu spät – die Möwe ist schon zu weit weg." Auch hübsch, was der mehrfache Weltmeister Magic Christian in seinem Buch „Zauberanekdoten und Anekdotenzauber" von einem ganz knapp zur Vorstellung eingetroffenen Kollegen berichtet, der längst auftreten hätte müssen und auf das drohende Drängen des Veranstalters erwiderte: „Glauben S', i kann zaubern?"

Felix Dvorak hat sich in seinem Buch „So lacht die Welt" mit dem Humor aus nicht weniger als 44 Ländern beschäftigt – von Arabien bis Zypern, von Israel bis zum Vatikan (!). Sein Resümee: „Überall lacht man gern und nahezu über das Gleiche: das menschliche Ungeschick.“ Aber, so frage ich noch einmal: Was schlägt die Realsatire? Exemplarisch zwei Hinweise vor Gasthäusern: „Zwei Erwachsenenessen ein Kind gratis“ beziehungsweise coronabedingt mit der nötigen amtlichen Brutalität: „Bitte nur zwei Kunden aufeinander eintreten!“

Heinz Marecek erzählte mir, wie er einst in den Wäldern rund um den Irrsee mit Otto Schenk Schwammerln suchte. Das volle Körberl wurde zum Seewirt gebracht, der daraus ein Gulasch zubereiten sollte. Marecek wandte ein: „Otti, weißt du überhaupt, ob die alle ungiftig sind?“ Worauf Schenk nur knurrte: „Es ist ja widerlich, wie sehr du am Leben hängst!“

Schön, wenn zwei Meldungen aus einem Newsticker einen unzulässigen Kausalzusammenhang ergeben. Ein ungewollt frivoles Beispiel: „Geheimplan für die AUA +++ Prostitution ab 1. Juli wieder erlaubt.“ Die schnöd abgelegte Geliebte eines Promi-Moderators klagte in einem Magazin ihr Leid: „Ich suche einen Mann, der mit beiden Beinen hinter mir steht.“ Dafür würde sich Marko Arnautovic anbieten, der seine Treue zum Nationalteam einmal in folgende Worte kleidete: „Ich stehe bis zum letzten Tropfen hinter meiner Mannschaft.“

WAS HITCHCOCK WIRKLICH ZU WEIHNACHTEN DACHTE

Geboren an einem 24. Dezember wurden: Popsänger Ricky Martin, Hollywood-Diva Ava Gardner, Kaiserin Sisi, Harald Serafin, Erwin Pröll und die 2019 mit 76 verstorbene Elizabeth „Toni" Spira. Zu ihrem 60er verriet die unvergessene TV-Ikone („Liebesg'schichten und Heiratssachen"): „Ich hab als Kind zu Weihnachten den linken und zum Geburtstag den rechten Ski bekommen."

NICHT geboren an einem 24. Dezember und schon gar nicht vor 2020 Jahren wurde dagegen nach dem Stand der Forschung: Jesus Christus. Denn: Als sich Papst Johannes I. im 6. Jahrhundert entschloss, die Zeitrechnung mit der Geburt des Gottessohnes zu verknüpfen, unterlief ihm ein Rechenfehler. Heute geht man davon aus, dass Jesus zwischen vier und sieben Jahre vor dem Jahr null zur Welt kam. Der 24. Dezember geht auf die Nacht vor dem römischen Fest der „unbesiegten Sonne" zurück. Wissenschaftler vermuten einen anderen Zeitpunkt der Ankunft des Heilands im Stall zu Bethlehem – die in der Bibel erwähnten Hirten nächtigten nämlich nur von März bis November bei ihren Herden unter freiem Himmel.

Der weltweit gepflogene Brauch des festlich geschmückten Baumes hat gar heidnische Wurzeln (erstmals belegt: 1597 im heutigen Elsass) und der Adventkranz geht auf den Hamburger Theologen Johann Hinrich Wichern zurück, der 1839 ein Wagenrad mit 20 kleinen roten und vier großen weißen Kerzen aufstellte.

Wenn Sie, geneigte Leserschaft, das nicht so brennend interessiert, lege ich ein Scheiterl mit knisternden Fakten nach – nämlich mit Ereignissen, die allesamt an einem 24. Dezember stattfanden: 1781 verlobt sich Wolfgang Amadeus Mozart mit Constanze; im Jahr 1805 wird Beethovens „Fidelio"-Uraufführung verrissen; 1818 erklingt erstmals „Stille Nacht" von Mohr und Gruber in der St. Nikolaus-Kirche von Oberndorf in Salzburg;

1959 zeigt das Theater am Kärntnertor „Travniceks Weihnachtseinkäufe“ mit Helmut Qualtinger und Gerhard Bronner. Und genau damit kommen wir endlich zum unbeschwerten Teil dieser Kolumne.

Denn Qualtinger antwortet auf die Frage „Was, lieber Travnicek, haben Sie als Kind zu Weihnachten bekommen?“ lapidar mit: „A Watsch’n.“ Bronner: „Wie das?“ Darauf Qualtinger: „Ich pflegte den Christbaum anzuzünden.“ Von ähnlich krimineller Energie getragen, widmete sich auch der Meister der Spannung auf der Kinoleinwand, der britische Regisseur Sir Alfred Hitchcock, dem Thema: „Wenn ich beim Festschmaus in die Runde blicke, fallen mir die besten Morde ein.“ Der weit gereiste amerikanische Schriftsteller Mark Twain sagte: „Wenn ich noch ein einziges Mal ‚Stille Nacht‘ höre, kann ich für nichts garantieren.“ Karl Valentin, unsterblicher bayerischer Komödiant, nannte Geschenke „die einzige Form der Rache, die kultivierten Menschen noch bleibt“. Und der US-Essayist Arthur Koestler meinte: „Wer zu Weihnachten Gutes tun möchte, richtet auch sonst viel Schaden an.“ Das Schlusswort gehört Queen Elizabeth II.: „Seit Josef stehen Männer zu Weihnachten unnütz herum.“

DAS GOLDENE WIENERHERZ GIBT'S AUCH AUS EDELSTAHL

Zur Unterscheidung von Anwurf und Volltreffer möge jenes Ungemach dienen, das jüngst der bezaubernden ORF-Legende und ÖBB-Ansagerin Chris Lohner widerfuhr. Als sie den schweren Verlauf ihrer Corona-Infektion (minus sieben Kilo, hohes Fieber, Atemnot, totale Erschöpfung, Verlust der Stimme) via Facebook publik gemacht hatte, posteten goldene Wiener Herzerln kognitiv unmöblierte Kommentare wie: „Machen Sie sich nicht so wichtig – haben S' amal Krebs, dann wissen S', was furchtbar is." Lohner, langsam wieder bei Wortgewalt, antwortete: „Muss ich mich dafür entschuldigen, dass ich an dem Virus nicht gestorben bin?" Wie sagte schon der wunderbare Hans-Peter Heinzl, der jahrelang gegen sein Karzinom gekämpft hatte: „In Wien sind s' dir sogar den Krebs z'neidig."

Das Netz ist mittlerweile der weltumspannende Nachfolger der anonymen Beschimpfung per Post oder Telefon, aber ebenso feig wie fies. Freilich: Nicht alles, was aus Wien kommt, ist ein „Rülpser", wie manch lebenslang quasi genetisch bedingt alles richtig machender Tiroler „Idi Alpin" zu zweifellos berechtigter Kritik am scheinheiligen Land postulierte. Dazu schrieb ein Poet auf Twitter: „Mir vergeht das Hörln und Sehen!" Einem anderen kommt bei der Selbstherrlichkeit der Seilbahn-Drahtzieher „das G'impfte hoch".

Zu Tirol hab ich ein „zweispaltiges Verhältnis", wie mir eine Leserin einmal mailte. Ich lachte herzlich (und auch ein bisschen schmerzlich), als ich vor einem Auftritt in einem Waidringer Gasthof das mit Kreide beschriebene Schild „Schweinswiener" vor der Türe las. Der Wirt klärte mich auf: „Das ist nicht unser heutiges Menü, sondern eine Ankündigung Ihres Programms." Ich bin auch bis heute nicht endgültig sicher, ob die Frage eines Fans nach einem Konzert Georg Danzers an den Künstler hinterfotzig war: „Gell, du liebst die Berge?" Als Danzer höflich verneinte, kam die Zusatzfrage: „Ja, warum singst du dann ‚Jö, schau, so a Sau, wos mocht a Nockata im HafeleKar?'?" Danzer hat es jedenfalls sehr gern im Hawelka erzählt. Denn: Gemeinheit geht auch gut, selbst, wenn sie nicht gut ausgeht!

MAN VERLIERT MENSCHEN, ABER NICHT DIE ZUNEIGUNG

Zuletzt schrieb hier Freund und Kollege Peter Rapp die weise Wahrheit und wahrhaftige Weisheit, wonach er lieber über die Vergangenheit sinniere als über die Zukunft, weil ihm von der Zukunft so viel weniger zur Verfügung stünde. Da schwang natürlich auch ein bisschen Koketterie mit. Ich wünsche ihm, dem reschen 77er, mindestens das Alter, das Hugo Portisch erreichte, der sich jüngst in überragender geistiger Frische mit 94 verabschiedete. Als ich ihm 1981 (!) meine erste TV-Kritik in der seligen „AZ" widmete, da schickte er mir ein handgeschriebenes Dankeschön. Das trug ich wie einen Orden durch Redaktion, Familie und Freundeskreis.

Seine Bedeutung als Geschichtslehrer der Nation (Österreich I, Österreich II, unzählige Reportagen und Kommentare) goss einmal eine andere, im eigenen Ressort ebenbürtige Legende, nämlich Opernführer Marcel Prawy (1911–2003), in den wunderbaren Satz: „Beim Portisch freut man sich auf die nächste Weltkrise."

Mit nur 76 Jahren ereilte Peter Patzak ein allzu früher irdischer Drehschluss. Er führte als genialer Regisseur Größen wie Christoph Waltz, Peter Vogel und auch Paula Wessely zu noch Größerem. Seine „Kottans" waren kultig, „Kassbach", seine subtile Warnung vor der bitter- und „biederbösen", ja geradezu spießbürgerlichen Wiederkehr des Faschismus (1979!), war beklemmend und prophetisch. Tausend und einen klugen Gedanken habe ich von ihm in Erinnerung, aber unauslöschlich bleibt diese buchstäblich blumige Interview-Passage anlässlich seines 70. Geburtstags: „Herr Patzak, Sie malen, schreiben, führen Regie – gibt es ein Talent, von dem niemand weiß?" Darauf Patzak:

„Ja, ich kann Lorbeer, Rosen, Glyzinien (Blauregen), Rosmarin und Weinreben schneiden. Ich kann dabei laut denken und gehe niemandem auf die Nerven." Peter, du hast uns weit mehr hinterlassen als einen Strauß fantastischer Filme. Du warst großzügig und gelassen. Kommt ganz selten vor, ob in der Natur oder in der Kunst.

Ich habe dieser Tage einen besonders wertvollen Menschen und großartigen Kollegen verloren: Willi Schraml. Für so manchen Fotografen, mit dem ich in 41 Berufsjahren zusammenarbeitete, galt als Anerkennung: Er tut, was er kann. Für einige wenige hieß es: Er kann, was er tut. Der Willi, der nun empörender Weise mit grad einmal 71 starb, war genauso einer dieser raren Spezies – stets virtuos, manchmal grandios, nie kapriziös.

Und dazu gesellte sich ein so herzlicher Mutterwitz – auf dem Punkt, manchmal ätzend, nie verletzend. Vor 33 Jahren wurden wir als Berichterstatter zu den Olympischen Winterspielen nach Calgary (Kanada) entsandt. Drei sehr strapaziöse, abenteuerliche Wochen lang jagten wir unsere Eindrücke per Fax und Funk in die Heimat.

Für die Bewältigung der hunderte Meilen weiten Strecken mieteten wir gleich am ersten Tag einen günstigen Chrysler. Der ging uns ein. Am zweiten Tag bekamen wir den zweiten noch günstigeren Chrysler. Ihn ereilte dasselbe Schicksal. Als am dritten Tag der dritte den Geist aufgab, sagte Willi: „Jetz' waaß i endlich, warum's Chryslersterben haaßt." Allein dafür werde ich ihn immer lieb haben.

DIE GEHEIMNISVOLLEN WIENER KURZBEFEHLE

Jüngst beschrieb eine Kandidatin der „Liebesg'schichten und Heiratssachen“ ihren Traummann so: „Es darf keiner sein, der was der deutschen Sprache nicht mächtig ist.“ Eine Wienerin, unschwer zu erkennen – aber auch der gebürtige Vorarlberger ÖOC-Präsident käme als Idealpartner kaum in die engere Wahl. Der nannte nämlich den Umstand, dass die Olympischen Sommerspiele in Tokio ohne Publikum stattfinden mussten, ein „Wermutszeichen“, was sich launige Linguisten eventuell als „Armutstropfen“ auf der Zunge zergehen lassen.

Ein wundersamer Wesenszug des Wienerischen sind Kürze und Widerspruch in sich. Der Kabarettist Michael Hufnagl wies mich auf sein Lieblingsbeispiel hin – da will einer die Runde verlassen, woran ihn ein anderer zu hindern trachtet: „Geh, kumm, bleib!“ Das sind drei verschiedene Kurzbefehle, so verwirrend wie das Wort „Sitzplatz“ für einen Hund. Was jetzt, „Sitz“ oder „Platz“? Nicht minder facettenreich ist die Aufforderung zu erhöhter Aufmerksamkeit: „Hearst, hurch, schau!“ Für Uneingeweihte rätselhaft auch der Dialog eines Gesunden mit einem Angekränkelten: „Is Ihna wos?“ – „Mir is ganz anders.“ Herzlos wäre hier die Replik: „Aa scho wos.“ Empfehlenswert hingegen das unverbindlich teilnahmsvolle „No?“, in dem sich dringendes Desinteresse an Details verbirgt.

Ein befreundeter Gastwirt hob die Kürzelsprache zur Kunstform. Kommt ihm einer blöd, sagt er bedrohlich: „Na, vielleicht?!“ oder „Mir scheint!“. Verlangt ein anderer Unmögliches, sagt er mit zynischem Lächeln: „Na, freilich!“ oder „So weit kummt's no!“. Ist etwas machbar, sagt er im Multitasking-Modus: „Des geht in aan Aufwasch'n.“ Geht ihm was am Gesäß vorbei, sagt er, ganz gastronomisch: „Des is ma Blunz'n!“ oder „Des is ma Powidl!“. Hält er etwas für ungeheuerlich, sagt er: „Des is ka Bemmerl!“ Ist ein Wunsch unerfüllbar, sagt er: „Jo, Schneck'n.“ Missfällt ihm ein Gast, sagt er verschwörerisch murmelnd: „Textilhaupt“, womit er „Fetznschädl“ meint. Generell beneidet er die Busfahrer: „Die haben ihr eigenes Schild, dass man net mit ihna reden soll. So weit muss ma’s in mein’ G’schäft erst amoi bringen.“

Gelegentlich aber stürzen sich auch echte Wiener in ausführlichere verbale Unkosten, freilich ohne dabei durch Geschwätzigkeit an Treffsicherheit einzubüßen. Dem feinsinnigen Journalisten Uwe Mauch verdanke ich diese Wahrnehmung aus der U-Bahn. Als es sich beim Einsteigen hineinströmender Berufstätiger staute und der Zug nicht abfahren konnte, meldete sich der Fahrer nicht mit der Durchsage: „Bitte den Türbereich freimachen“, sondern mit der Tatsachenmitteilung: „Mir is wurscht, wann nix weidageht – wäu i bin jo scho in da Håckn.“ Die allgemeine Reaktion darauf: „Auf Jo und Na“ rückte die zuvor muffige, nun aber amüsierte Menge zusammen und die Fahrt konnte anstandslos fortgesetzt werden. Das nennt man wohl untergründigen Humor!

WER NICHT FORTGEHT, SOLLTE IN SICH GEHEN!

Mit Genugtuung durfte ich dieser Tage zur Kenntnis nehmen: Nicht nur lang gediente Großmeister wie Miguel Herz-Kestranek, Willi Resetarits oder Stephan Paryla-Raky sind von Lust und Liebe zum Schüttelreim erfüllt, jener Versform, die ich an dieser Stelle jüngst wieder aus dem Hut zauberte. Die Leserschaft versorgte mich mit Perlen wie dem unsportlichen „Bußfall Fußball", der landwirtschaftlichen Misere „Kuhzunft ohne Zukunft" oder der heute leider völlig unkorrekten Anzüglichkeit „Liederliche Weiber haben selten widerliche Leiber", was ich hier selbstverständlich nur unter Protest wiedergebe.

Eine sehr anspruchsvolle Variante des Schüttelns ist die Wortumstellung wie in der Beschreibung eines Busenwunders der B-Prominenz: „Kann sie sich nicht mit Leistung brüsten, muss sie sich a Brüstung leisten." Oder: „Lassen Sie Ihren Blick schweifen, aber nicht den …" (Bitte selbst ergänzen!) Ast- und zimmerrein ist schließlich der Aphorismus des innig geliebten Werner Schneyder: „Spenden Sie mir keinen Trost, sondern trösten Sie mich mit einer Spende."

Unlängst, noch vor der Zeit, als der Advent durch die unselige amtlich verordnete Tradition des Lockdowns ersetzt wurde, wälzten mein bester Freund und ich nicht nur magisch mundende Mohnnudeln in zerlassener Butter, sondern auch wortspielerische Gedanken: Wie viele Bezeichnungen für Speisen oder deren Zubereitung haben im Österreichischen einen völlig anderen, wenn auch nicht minderg'schmackigen Doppelsinn? Die Initialzündung boten uns die Mohnnudeln – sofort fiel uns der Begriff „überwutzelt" als Attribut für eine aufgetakelte Person ein.

Dann ging's Schlag auf Schlag: Einer ist blunzenfett und sagt seiner vorwurfsvollen Frau: „Lass mi in Kraut!" Dass ein armes Würschtl seinen Senf dazugibt, ist einem nicht nur „wurscht", sondern sogar „Powidl", denn: Man ist ja nicht auf der Nudelsupp'n dahergeschwommen! Wenn ma ka Knedl hat, dann zaht sie so a Monat wie a Strudlteig und ma schiebt keine Wuchteln, sondern hat nix wie Bröseln, wenn nicht gar „an Kelch". Oder: Wenn man morgens nicht aufkommt, ist man „no net außibåchn" und liegt oft nur da wie a „stingads Xöchz".

Apropos: Jüngst zwangen mich längst fällige chirurgische Eingriffe am rechten Knie zu einem Spitalsaufenthalt. Nicht unkompliziert, weshalb ich die Sache ja Monate vor mir hergeschoben hatte. Bei der Diagnose erinnerte ich mich an den großen Catcher Otto Wanz, der nach Jahrzehnten in den Ringen gar nicht ungelenk festgestellt hatte: „Meine Schanierln san a Schrotthauf'n."

Als man mich nach mehreren Stunden aus dem OP-Saal ins Zimmer schob, begrüßte mich dort ein neuer Leidensgenosse. Nach kurzem Blick aufs Namensschild an meinem Bettgestell schlug er die Hände zusammen und rief: „Gott sei Dank, Sie leben!" Ich, noch ziemlich geschlaucht :„Wie meinen Sie das?" Darauf der gute Mann: „Wissen S', in die Nachrichten ham s' grad g'sagt, Sie san g'sturbn. I hob's eh net glaubt."

Er hatte mich mit dem am 22. November leider tatsächlich für immer verklungenen Fast-Namensvetter Horst Chmela verwechselt. Da fiel mir ein, dass der grandiose Musiker und geschätzte Freund immer schon 18 Jahre älter war, worauf ich umgehend das Formular zum Ansuchen einer Kur ausfüllte und pietätvoll Chmelas Welthit „Ana hat immer des Bummerl" anstimmte.

Peter
Rapp

ÜBER DAS GRÜSSEN

Dieter, mein Schatten, hat mich aufs Grüßen angesprochen. Schon richtig, ein Problem mit dem Gleichgewicht hat mich beim versuchten Handkuss fast in den Schoß der sitzenden Frau Kirchschläger gestürzt. Ihren Mann aber, den ich schon wegen seiner Haltung während des Aufstandes in Ungarn (1956) sehr schätzte, begrüßte ich in der Stadthalle mit den Worten: „Guten Abend, sehr geehrter Herr Bundesrepublik!" Man glaubt nicht, wie laut 10.000 Leute einen auslachen können. „Küss die Hand – Genossin – Freundschaft!", so grüßte ein älterer Portier im Vorwärts-Verlag. Er konnte sich vom Gewohnten nicht lösen, wollte sich aber den neuen Zeiten nicht verschließen. Der Wiener grüßt gerne und – wenn geht – auch freundlich. „Der kann ja net amol griaß'n!" ist ein schlechtes Zeugnis für den Gemeinten. Einiges hört man nur noch selten: „Habe die Ehre!", worauf Komiker Otto gerne die Antwort gab: „Habe die Masern!" Was man gar nicht mehr hört ist: „G'schamster Diener!" Hat mit „schämen" nichts zu tun, sondern bedeutet so viel wie: „Untertänig, Ihr gehorsamster Diener". Erst vor kurzem habe ich im ORF-Zentrum einen gegrüßt mit „Hi!", und der meinte: „Leider nicht."

DIE „WIENER SCHULE“

Was heute schwer zu kriegen ist, ist die Grundausbildung. Das „Sich-Bewähren“ vor Publikum, bevor eine und einer zum ersten Mal vor die Kamera geht. Die Inhaber von „Langzeit-Karrieren“, zu denen ich mich zähle, hatten diese Voraussetzung. Es war das „Tingeln“. Unzählige Auftritte bei „Hausfrauen-Nachmittagen“, bei „Teenager-Partys“, bei Modeschauen und erst dann das Fernsehstudio. Es reicht einfach nicht, gut auszusehen und sich selbst gut zu finden. Das funktioniert nur für kurze Zeit, und die Damen und Herren sitzen im Alter von 23 zu Hause und fragen sich: „War's das?“ Künstler, die viele Auftritte vor Publikum aufzuweisen haben, tun sich leichter. Kabarettisten wie Michael Niavarani oder Sänger wie Klaus Eberhartinger haben ein Gefühl für die Reaktion der Menschen entwickelt. Arabella Kiesbauer hat sich in unzähligen Talkshows bewiesen, bevor sie die erste große Show moderierte. Auch Radio-Moderator zu sein, ist keine ideale Voraussetzung für eine Fernsehlaufbahn, weil am Mikrofon nicht erkennbar ist, wie das Publikum reagiert. Kaum einer dieser Versuche (vom Radio ins Fernsehen) war erfolgreich. Die Fernsehanstalten könnten erfahrene Talentsucher aussenden. Die „Entdeckungen“ müssten dann für den Auftritt vor der Kamera ausgebildet werden. Das wäre meine „Wiener Schule“ für neue Gesichter im „Kastl“.

Es reicht einfach nicht, gut auszusehen und sich selbst gut zu finden.

WAHLEN UND VERSPRECHEN

Sie wissen's eh längst – am 10.10. sind Wahlen zum Wiener Gemeinderat und zu den Bezirksvertretungen. Wahlempfehlung gebe ich keine ab, aber machen Sie Ihr Kreuzerl (wenn geht an der richtigen Stelle)! Vor einigen Tagen hat mir ein Freund einen Witz erzählt, der ganz gut zum Thema passt: Ex-Bundeskanzler Schüssel ist bei einem Verkehrsunfall überfahren worden und kommt direkt in den Himmel. Dort trifft er Petrus, und der sagt zu ihm: „Wir werden dir die Wahl geben: Einen Tag wirst du in der Hölle sein und einen Tag im Paradies. Dann kannst du wählen." Sie fahren runter in die Hölle, Schüssel sieht seine Freunde, sie spielen Golf, sitzen im Whirlpool, essen, trinken, hören Musik, spielen Karten. Dann geht's ins Paradies. Dort sitzen Leute auf weißen Wolken, alles ist ruhig, entspannt und gemütlich. Einen Tag später hat sich Schüssel entschlossen, er will in die Hölle. Unten angekommen, zieht ihn der Teufel rein, er steht in einem Slum, seine Freunde in Lumpen sammeln Müll. „Was ist mit dem Golfplatz, mit dem Restaurant, mit dem Schwimmbad, mit der Musik?", fragt Schüssel. Antwortet der Teufel: „Geh' Wolferl, erinner' dich doch, wie's bei dir war: Gestern war vor der Wahl – heute ist nach der Wahl."

STAUBMANTEL UND DUFFLECOAT

Zwei Kleidungsstücke gab es einmal in vielen Wiener Kleiderschränken: den Staubmantel und den Dufflecoat. Der Mantel war der Richtige für die Übergangszeit. Aber gibt es die noch? Gibt es noch den warmen Herbst, in dem man den „Hellgrauen“ aus dem Kasten holte? Bei so einem Wetter hat man früher den „Dufflecoat“ getragen. Der Stoff heißt „Düffel“. Der Name kommt von der Stadt Duffel in Belgien. In Wien waren es die englischen Besatzungssoldaten, die den „Dufflecoat“ populär gemacht haben.

„Monty“, der britische Feldmarschall Montgomery, liebte den Kurzmantel, weshalb der auch „Monty Coat“ genannt wurde. In dem Film „Der dritte Mann“ lief Trevor Howard ständig damit herum. In diesem Oktober haben die Wiener viele Gelegenheiten, in diesen Kleidungsstücken spazieren zu gehen, weil der Oktober fünf Wochenenden hat. Fünf Sonntage!! Solche „Sonntags-Oktober“ gibt es angeblich nur alle paar hundert Jahre. Für wen es in den Wienerwald zu weit ist, der geht in den Park. Einige nannte der Wiener liebevoll „Beserlpark“. Der Name kommt daher, dass die ersten Bäume so kümmerlich aussahen, dass viele meinten: „Die sehen aus wie unsere Besen.“ Schon war der „Beserlpark“ geboren.

HALS- UND BEINBRUCH!

Als ich gelesen habe, dass der Dieter bei „Dancing Stars“ teilnimmt, habe ich die Finger gekreuzt und ihm „Hals- und Beinbruch“ gewünscht. Er hat sich den Unterarm gebrochen. Wie ich höre, bei einer Hebefigur. Also, ab einem gewissen Alter sollte man nur noch sein volles Glas heben und hin und wieder (nur mit Einverständnis) den Rock einer Frau. Mit der richtigen Pille geht sogar beides gleichzeitig.

FRANZÖSISCH IN WIEN

Französisch galt in Wien als „foin“, weil die „Hautevolee“ (die „High Society“, die oberen Zehntausend) es sprach. Unzählige französische Ausdrücke zogen ins Wienerische ein. Fühlte sich der Hausherr „parterre“, dann setzte er sich seinen Chapeau (Hut) auf, nahm seinen Parapluie (Schirm), steckte sein Portemonnaie (Geldbörse) ein und marschierte eilig über das Trottoir (Gehsteig) zu seiner Mätresse (Geliebten). Unterwegs machte er Halt bei einem Pissoir (Bedürfnisanstalt). Zu Hause hatte er das Gefühl gehabt, dass ihm der Plafond (Decke) auf den Kopf fiel, und auch ein Gesichtsbad im Lavoir (Waschschüssel) brachte keine Abkühlung. Er dachte an die Verwandtschaft, die in seinen Augen eine Bagage (eigentlich Gepäck) darstellte und die er als einzige Blamage (Peinlichkeit) empfand. Die Ausgaben für seine Mätresse rissen jeweils ein Loch in sein Bidet, pardon Budget! Aber nur so hatte er weiter Zugang zu ihrem Boudoir (Schlafzimmer).

SPRACHLICHE VERWIRRUNGEN

Der Dieter und ich haben uns zuletzt ins weite Feld der sprachlichen Missverständnisse verirrt. Beispiel: Deutscher Tourist fragt österreichischen Einheimischen: „He guter Mann, wie heißt denn der Berg da drüben?“ „Wölchener?“ „Dankeschön! Sehr freundlich!“ Dieter liebt die Anekdote, als der heutige Sturm-Trainer Franco Foda im Stadion von Rio de Janeiro eingewechselt wurde, über die Lautsprecher angesagt und mit tumultartigem Jubel begrüßt wurde. Die Menschen sprechen dort Portugiesisch, und da heißt „franco“ nun mal „gratis“ und „foda“ ist ein derbes Wort für „Liebe machen“. Auf der weiteren Tournee wurde er nur mehr als „Franco“ angekündigt.

„Teddy“ Podgorski erzählt wiederum gerne vom ersten Hörfunkdirektor. Der hieß „Übelhör“ und saß in der Taubstummengasse. Auch von der Brandwache bei den Sophiensälen behauptet er, dass der eine Brandner und der andere Aschenbrenner geheißen hat. So hat es mancher mit seinem Namen im Ausland nicht so leicht. Die Engländer grinsen, wenn ein Mann als „Horny“ vorgestellt wird, weil das in ihrer Sprache „geil“ heißt.

HERR FOTZ BLEIBT HERR FOTZ

Der Mexikoplatz – so lese ich – heißt so, weil Mexiko als einziges Land 1938 gegen den Anschluss Österreichs protestiert hat. Argentinierstraße, weil die uns nach dem Ersten Weltkrieg eine 5-Millionen-Peso-Spende zukommen ließen. Und im Franzosengraben hatten sich 1809 die Franzosen verschanzt. Apropos Franzosen: In Paris gibt es eine „Avenue du Rapp“. Der hat mich interessiert. Ich wurde nicht enttäuscht. Er war der Sohn von einem Hausmeister und brachte es bis zum General und Adjutanten von Napoleon. Klingt echt nach mir.

Sollte einer im 21. Bezirk in der Julius-Ficker-Straße verweilen, könnte er nachschlagen, dass die Straße seit 1954 so heißt.

Prof. Julius von Ficker war ein (Rechts-)Historiker, seit 1852 Univ.-Prof. in Innsbruck. Er verbesserte die Urkundenkritik. Mit Namen könnten wir uns lang beschäftigen. Unlängst hat im deutschen Fernsehen ein Herr „Fotz“ angerufen und die Moderatorin fragte launig, ob er sich schon einmal den Ankauf eines zusätzlichen Buchstaben überlegt hätte. Der Anrufer lehnte ab: „Nein! Fotz bleibt Fotz!“ Die Kollegin ließ nicht nach: „Und wie wäre es mit einer Namensänderung, zum Beispiel Herr Musch?“

DIE FERIEN SIND ZU ENDE!

Sagt einer: „Nach jedem Urlaub ist meine Frau schwanger!“ „Wie viele Kinder habt ihr schon?“ „Acht!“ „Na, dann musst du aber etwas dagegen unternehmen!“ „Freilich! Heuer fahr ich mit!“ Der Wiener nennt die eigenen Kinder gerne „Gschroppen“ und die der anderen gerne „Bangerten“. Anstatt „Gschroppen“ geht auch „Ozwickter“ oder „Gsteammel“. Ist der „Ozwickte“ dünn, kann er auch ein „Zniachterl“ sein. Beim „Wechselbalg“ hätte ich angenommen, dass es in den Wechseljahren einer Frau gezeugt wurde. Es ist aber eher ein „Kuckucksei“, also ein dem Ehemann unterschobenes Kind. Überhaupt hat der Wiener so viele Bezeichnungen für uneheliche Kinder, dass man daraus fast schon ein Sittenbild ableiten könnte.

Richtig böse ist für ein nicht „standesgemäß“ gezeugtes Kind die Bezeichnung „Bastard“. Wenn es aber um den Hund geht, dann ist das „Bastardl“ das Lieblingstier der Wiener. In dem Film „55 Tage Peking“ sagt ein Priester zu Charlton Heston: „Irgendwie ist ein Mann der Vater jedes Kindes!“ Der Gedanke gefällt mir.

WIESO EIGENTLICH BLÖDE SAU?

Blöde Sau – das höre ich nicht gerne, weil ich sie an meinem Arbeitsplatz näher kennengelernt habe, also im Zirkus. Schweine sind überaus gelehrige und sensible Tiere, ihre Organe sind denen der Menschen sehr ähnlich und die Schweine sind angeblich direkt verwandt mit den Delphinen. Mein „Schattenmann" Dieter behauptet gar: „Schweine sind Delphine, die an Land gegangen sind!" Überhaupt werden oft Tiernamen mit Eigenschaften versehen, die ich nicht nachvollziehen kann. „Fauler Hund" – die Hunde sind selten faul, aber ihre Frauchen und Herrchen, die nicht mit ihnen spazieren gehen wollen! Stark bezweifle ich auch, dass Hühner „verrückt" sind, nur weil sie aufgeregt umherrennen, wenn ihnen der Bauer oder die Bäuerin mit einer Hacke auf den Hühnerbeinen folgt. Und in den furchtbaren Legebatterien würde jeder um den Verstand kommen.

Am ehesten könnte ich mich noch mit dem Begriff „affengeil" anfreunden. Da gibt es eine Primatenart, die „Bonobos", die nahezu ununterbrochen alles bumst, was nicht bei „3" auf dem Baum ist. Allerdings dauert der sexuelle Kontakt selten länger als 13 Sekunden. Eingedenk dieses Wissens frage ich: Wer will schon „affengeil" sein?

DAS KANN KEIN SCHWEIN LESEN

Unlängst stellte ich Dieter Chmelar eine Frage, die selbst er nicht beantworten konnte: Meine Frage an ihn lautete: Woher kommt die Redensart „Das kann ja kein Schwein lesen"? Mutet man denn den Schweinen so viel Intelligenz zu, dass sie auch lesen können? Weit gefehlt!

Lange, lange ist es her, dass nur wohlhabende Menschen das Geld hatten, Lesen und Schreiben zu erlernen. Es heißt, der Spruch kommt aus der Nähe der Hansestadt Lübeck. Die Redewendung – so wird allgemein vermutet – kommt aus dem Plattdeutschen und stammt höchstwahrscheinlich aus Dithmarschen. Dort waren einstmals die „Swyns" angesehene und gelehrte Leute, die den des Schreibens und Lesens unkundigen Landbewohnern alte Urkunden und Schriftstücke erklären konnten. Manche der Papiere waren allerdings mit eigenwilliger Handschrift geschrieben oder bereits derart vergilbt, dass sie sogar ein erfahrener Swyn nicht mehr entziffern konnte. Der Ausruf „Dat kann kin Swyn lesen!" bürgerte sich bald in Lübeck ein und daraus wurde im Hochdeutschen „Das kann kein Schwein lesen". Ist doch toll! Oder?

WER HAT BEI UNS IN WIEN DEN LÄNGSTEN?

Den längsten zusammenhängenden Wohnbau der Welt hat Wien. Oder was haben Sie denn gedacht, worüber ich hier schreibe? Also, das mit dem Karl-Marx-Hof habe ich gewusst. Er erstreckt sich über eine Länge von 1,1 Kilometer und verbraucht sage und schreibe vier Haltestellen der Straßenbahn. Was die Länge betrifft, ist der Hof ein Fall für das „Buch der Rekorde“, was die Größe der Wohnbauanlage betrifft, liegt der Karl-Marx-Hof selbst in Wien nur an dritter Stelle, heißt es. Was seine Geschichte und seine Besonderheiten betrifft, lohnt es sich zu „googeln“ und ihm vielleicht sogar einmal einen Besuch abzustatten. Denn dort, wo der Bau heute steht, war einst ein Donauarm, in dem auch Schiffe fahren konnten.

Kaiser Joseph II. hat die verbleibenden Tümpel zuschütten lassen. Wien hat aber noch einen „Längsten“, nämlich den längsten Straßenmarkt Europas, den Brunnenmarkt in Ottakring. Das ist ein echter „Multikulti-Markt“. Mittlerweile ist er ja auch mit dem Yppenmarkt zusammengewachsen. Dort war einmal (bis 1897) ein Exerzierplatz. Der ganze Markt zusammengenommen ist so interessant und hübsch anzusehen, dass man Gäste, die nach Wien kommen, ruhig einmal durchführen kann. Übrigens: Wenn ich jetzt noch an das größte Open-Air-Festival Europas (Donauinselfest) denke, fände ich es reizvoll, wenn Sie, liebe Leserinnen und Leser, mit mir gemeinsam ein „Wiener Buch der Rekorde“ zusammenstellen würden. Was hat Wien, was länger, größer, höher ist als im übrigen Europa oder gar in der Welt? Zuschriften und Informationen werden von mir dankbar angenommen.

SCHENKE ICH EUCH TATSÄCHLICH FREUDE?

Selbst in meiner stärksten Zeit im Fernsehen (zum Beispiel bei „Hoppala“, „Wer A sagt“ oder „Champion“) habe ich nicht so viel Zuwendung bekommen wie jetzt, da ich, als einer von vier Juroren, in einer Sendung sitze und hin und wieder einen Spruch loslasse. Ich habe das, was ich jetzt erleben darf, nicht kommen sehen. Vor allem nicht die Reaktionen des Publikums! Der Unterhaltungschef Edgar Böhm hat mir am Telefon gesagt, dass durch mich der Anteil an Jugendlichen bei den Zuschauern höher geworden ist. Was mir aber wirklich zu denken gibt, sind die Begegnungen auf der Straße: Da gehe ich an ein paar Menschen vorbei, die sichtbar das verbitterte Alltagsgesicht aufgesetzt haben, dann sehen sie mich, lächeln plötzlich und grüßen freundlich. Bei roten Ampeln empfange ich ebenso lächelnde Grüße aus den Autos neben mir (Daumen nach oben).

Was vermittle ich den Österreichern? Habe ich tatsächlich vorgelebt, dass man einfach niemals aufgeben darf? Und dass Humor und Stehvermögen einen immer weiterbringen? Tagtäglich höre ich den schönen Satz: „Ich freue mich so sehr für Sie!“ Meine Schultern schmerzen schon vom vielen „Draufklopfen“. Die Freude der anderen ist um vieles massiver als meine eigene. Meine Mentalität lässt mich vorsichtig sein. Je höher es bergauf geht, umso mehr erkenne ich, wie es an beiden Seiten wieder runtergeht und setze behutsam einen Fuß vor den anderen. Wenn es denn so wäre, dann wäre meine schönste Vorstellung die, dass ich den Menschen Freude und ein wenig Mut schenken kann. Dann hätte mein Leben im Fernsehen – 2013 sind es 50 Jahre seit meinem ersten Auftreten vor einer Kamera – zu guter Letzt tatsächlich einen Sinn gehabt!

„DANCING STARS“: DANKE, ICH WAR SCHON DRAN!

Noch einmal bei „Dancing Stars“ mitmachen? Ich würde das antworten, was angeblich einmal ein Mann beim Gruppensex gesagt hat: „Danke! Ich war schon dran!“ In der ersten Staffel im Jahr 2005 stellte ich mich der Herausforderung. Aus Respekt vor den Turniertänzern habe ich zunächst einige Male abgelehnt. Dann hat mich die damalige Intendantin Monika Lindner persönlich gebeten mitzutanzen, und ich habe zugesagt. Gewonnen hat damals Marika Lichter im Finale gegen Toni Polster. Vor dem Finale habe ich zum Toni gesagt: „Jetzt kannst du machen, was du willst ... Du wirst mindestens Zweiter!“ Und Toni sagte ernst: „Nein, jetzt will ich auch tänzerisch überzeugen!“ Das beweist, dass diese Tretmühle auch zu einer Gehirnwäsche führt.

Bezahlt werden die Teilnehmer pro Woche, die sie „überleben“. Was der Zuschauer nur gefiltert sieht, ist das Training, das echte „Knochenarbeit“ ist. Man findet sich in täglichen Trainingseinheiten wieder, die jede und jeden sehr schnell an die Grenzen bringen. Mein Glück war, dass ich faul und ohne Ehrgeiz bin. Beim leisesten Anzeichen von Muskelkater überredete ich meine liebe Partnerin Julia Polai aus Tirol zu einer Pause und einem Kaffee (oder Bier). Trotzdem schaffte ich es bis in die vierte Runde. Was ich auf keinen Fall tanzen wollte, war Walzer (da wird mir schwindelig) und „Paso doble“ (da komme ich mir echt blöd vor). Dieses Ziel erreichte ich leicht und flog nach grandiosen Darbietungen im „Quickstepp“ und im „Jive“, aber einem verhunzten „Slowfox“ glücklich aus der Sendung. Julia war unglücklich - tut mir immer noch leid. Dieter war in seiner Staffel ehrgeiziger und investierte prompt sein Honorar in Arztkosten. Nicht auszudenken, was der Stefan Raab aufführen würde, um zu gewinnen. Jedenfalls steckt bei „Dancing Stars“ viel Arbeit dahinter. Und das Honorar ist alles andere als leicht verdientes Geld.

NA GUT, DANN SPIELE ICH DEN „FROSCH“

Ein unbedeutender Schritt für die österreichische Kulturlandschaft, ein versuchter Quantensprung für mich. Seit Alexander Girardi hat nahezu jeder prominente Komiker diese Rolle gespielt. Tja, nun bin ich weder ein Schauspieler noch ein Komiker. Ich hoffe, die wussten das, als sie mich haben wollten. Der beste Rat, den ich bekommen habe, war, ja nicht darüber nachzudenken, wer das schon aller gespielt hat und – wie sie die Rolle „angelegt“ haben. Mir fällt spontan der Komiker Otto Waalkes ein, der den „Frosch“ in Hamburg spielte. Als er die Bühne betrat, herrschte gespannte Stille im Zuschauerraum. Otto rief ins Publikum: „Was habt ihr denn plötzlich alle? Ich bin es doch! Euer Otti!!!“

Vom „Frosch“ werden jedenfalls ein paar der Zeit gemäße Pointen erwartet. Da muss ich mir schon etwas einfallen lassen. Solche Blödheiten habe ich glücklicherweise immer auf Lager. Zum Beispiel: „Herr Direktor! Der Banker, den wir gestern gegen Kaution entlassen haben, hat sich beschwert, dass sein Hund mit der Fußfessel nicht ‚äußerln‘ gehen kann …“ Wenn mich jemand fragt, warum ich mir das überhaupt antue, wenn es mir doch so viel Kopfzerbrechen bereitet, dann fällt mir ein Dialog aus dem Film „Die glorreichen Sieben“ ein. Da sagt Steve McQueen zu Yul Brynner: „Ich kannte einmal einen Mann, der zog sich splitternackt aus und sprang in einen Kaktus …“ Nach der im Western üblichen Pause fragt Yul Brynner: „Und warum hat er das gemacht?“ Darauf McQueen: „Er hielt es für eine gute Idee …“

ROSENHÜGEL: VERKAUF MEINER ERINNERUNGEN

Ich habe einst den größten Teil meiner „Spotlight"-Sendungen dort produziert. Jetzt sollen auf dem Platz Wohnungen entstehen. Wird sicher toll für die, die dort einziehen. Mich verbinden mit diesem Studio so viele Erinnerungen, dass das „WIENER BEZIRKSBLATT" eine Extra-Ausgabe herausbringen müsste, um sie alle aufzuzählen. Da ist zum Beispiel die Kult-Sendung mit Mortimer Shuman. Als er in der Kantine vor dem Dreh auf mich gewartet hat, hatte ich wenig Ahnung, mit wem ich es da zu tun bekam. Erst im Gespräch ging mir ein Licht auf. Alle diese Lieder, die er für Elvis Presley geschrieben hatte, dann „Sweets for my Sweet" für die Drifters und viele andere. Ich kannte nur seine Musik aus „Her mit den kleinen Engländerinnen". Internet (Wikipedia) gab es noch nicht. Ist zwar keine Entschuldigung, aber ich war eben schlampig.

Aber ich hatte eine Idee: Schnell ließ ich ein Klavier im Studio aufstellen und schlug Mort vor, seine Hits gemeinsam zu singen und eine Art Talkshow aufzuziehen. Es sollte meine erfolgreichste Sendung werden. Auch ABBA geht mir durch den Kopf. Agnetha war nicht nach Wien mitgekommen und eine andere trat für sie auf ... Ist keinem aufgefallen. Mit ihrem Titel „Ring Ring" war die Band zwar bekannt, aber ihre Gesichter kannte noch kaum eine oder einer. Nahezu der gesamte „Austropop" besuchte mich in diesem Studio in Liesing und mit den deutschen Schlagerstars war es genauso. Ich hab ein „Fotoalbum mit einem silbernen Knopf" (Hit von Sido) im Kopf, und jetzt wird es verkauft. Es ist schwer, sich von den Erinnerungen zu trennen.

FAST HOFFNUNGSLOS, ABER NOCH LANGE NICHT ERNST

Der Herzinfarkt, von dem ich erzählen will, war meiner. Die Rettung, die mich fuhr, war unsere. Das Spital, das mich wiederherstellte, war unsere Rudolfstiftung. Doch der Reihe nach: Beim Aufwachen nach Mitternacht (von Montag auf Dienstag) verspürte ich Symptome, die Sie sich merken können. Sicher gibt es mehrere davon, aber meine waren sehr klassische Schmerzen in der Brust, Schmerzen im linken Arm, kalter Schweiß auf der Stirn und Übelkeit. Keine Sekunde habe ich gezögert, mit Hose und Mantel bekleidet auf die Straße zu gehen und auf dem Rasen liegend die Rettung zu alarmieren (eine Zeitersparnis ... Ich bin ja nicht mehr der Jüngste).

Wichtig in solchen Situationen ist übrigens Folgendes: 122 – die Schläuche sind die Feuerwehr, 133 – die Handschellen sind die Polizei und 144 – die Rollstühle sind die Rettung. Schon in der Rettung wurde mir klar: Das ist keine Fernsehserie! Die junge und – wie ich mit einem Blick erfassen konnte – recht attraktive Begleiterin meinte drängend: „Bleiben Sie bei uns, Herr Rapp!" Und dabei hatte ich gar nicht die Absicht auszusteigen.

Noch aufregender wurde die ganze Geschichte bei meiner Ankunft in der Rudolfstiftung. Ich – mittlerweile schon etwas kraftlos – versuchte, als Reporter des Satans für Sie möglichst viel zu behalten. Ist mir nicht ganz gelungen, weil ich durch die beruhigende Wirkung der weißen Götter völlig meinen Geist aufgab. Und folgende Erfahrung nicht live miterlebte: „Alles zurücktreten! Zack! Bumm! Panels!" Daher auch später die meistgestellte Frage: „Bist du ins weiße Licht gegangen?" Ehrlich gesagt: Ich habe keine Ahnung ...

Die nächste Wahrnehmung, die ich hatte: Ich wurde an prekärer Stelle rasiert. Warum? Ich habe es mir später erklären lassen: Über die Leiste wird eine Sonde durch die Adern ins Herz eingeführt, und setzt dort den Stent. Somit – hallo Hollywood – darf ich mich ab sofort getrost „Stentman" nennen. Mein Fazit:

Ich bin der Mannschaft in der Rudolfstiftung unendlich dankbar. Zusammen mit meiner Schnellentschlossenheit hat das Team mein Leben gerettet und Ihnen wohl noch einige Rapp-Kolumnen beschert, worüber ich mich aus tiefstem Herzen freue.

GEDANKEN ZUM RUNDEN

Für Feiern zu meinen Geburtstagen hatte ich nie viel übrig. Aber hier, mit den lieben Leserinnen und Lesern, mit meinem Kollegen und Freund Dieter und den Freundinnen und Freunden des „WIENER BEZIRKSBLATTs“ will ich gerne ein paar Gedanken zum 70er teilen. Heute ist es ja so leicht, im Internet herauszufinden, wer am gleichen Tag Geburtstag hat. Vom Hans Krankl (heuer 61) weiß ich es seit Jahren. Nicole Heesters und Judith Holzmeister († 2008) sind zum gleichen Datum geboren worden. Witzig finde ich, dass „Wetten, dass ...?“ am 14. Februar 1981 zum ersten Mal ausgestrahlt wurde.

Damit habe ich gar nicht gerechnet, dass ich so alt werde. Jetzt aber finde ich es gut. Mittlerweile habe ich so viele Kollegen und Menschen, die mir nahestanden, verloren. Langsam, aber sicher wirkt es auf mich, als nähme ich an einem besonders kräfteraubenden Marathon teil und ... Ich bin immer noch im Rennen. Ich gestehe, ich sympathisiere mit allem, was mit dem Sterben und dem Tod zu tun hat und mache gerne Witzchen darüber. Ideal dafür war letztes Jahr das „Open Air“ auf dem Zentralfriedhof. Ich war so gut drauf, dass der Dieter lobend meinte: „Mit dem Talent gehörst du schon lange auf den Friedhof!“

Den Franz Antel († 2007) habe ich in seinem letzten Lebensjahr im Heim in Gersthof besucht. Er raunte mir zu: „Ich habe nie damit gerechnet, dass ich länger lebe, als mein Geld reicht ...“ Das macht mir keine Angst. Den Punkt habe ich vor 20 Jahren überschritten. Zu Begräbnissen gehe ich nicht gerne. Da halte ich es mit dem Prominenten, der gesagt hat: „Auf sein Begräbnis gehe ich nicht, er kommt ja auf meines auch nicht!" Bei Peter Alexander, den ich verehrt habe, und Ernst Wolfram Marboe ging ich allerdings zur Aufbahrung und nahm dort Abschied.

Mich feiern zu lassen, ist mir zumeist peinlich. Da feiere ich mich lieber selber. Mit viel Publikum und einer Gala auf der Bühne, mit denen, die ich so sehr liebe – den Musikern und Sängern. Da kann ich mitsingen und moderieren und so mein Blut in Wallung bringen. Mal sehen, wie lange ich noch an diesem Lauf teilnehme. Es macht mir nach wie vor mächtig Spaß!

IM „WECHSELBART“ DER GROSSEN TV-GEFÜHLE

Nach 22 Jahren habe ich mich erstmals von der unteren Barthälfte getrennt. Ab Freitag aber werden die bereits aufgezeichneten Folgen der „Großen Chance“ gesendet, und da habe ich noch das ganze „Teil“. Sonntag, in der „Brieflosshow“, fehlt dann wieder die Hälfte. Im Film würde man so einen Vorgang als „Anschlussfehler“ bezeichnen. Nun, ich war noch nie ein Freund vom „Anschluss“. Der letzte, den wir erleiden mussten, war in der Nacht vom 11. auf den 12. März 1938.

Mit Petra Frey, Larissa Marolt und Oliver Pocher in der Jury geht es ab Freitag los. Was die Kandidaten betrifft: Österreich hat halt leider nicht die Ressourcen, die Deutschland, die USA oder England zu bieten haben. Dort tauchen immer wieder verblüffende Ausnahmetalente auf. Wir sind froh, wenn sich bei uns Abwechslung und mitunter echt gute Leute anbieten. Der eigentliche Unterhaltungswert wird diesmal möglicherweise durch die Gespräche geboten, die in der Jury nach den Auftritten geführt werden. Die Chemie zwischen Petra, Larissa, Oliver und mir ist einfach besser, als sie in der alten Jury-Besetzung gewesen ist. Als ich der Petra am Wochenende erzählte, dass alles mitgeschnitten wurde, was wir gesprochen haben, meinte die entsetzt: „Um Gottes Willen, ich kann doch nie meinen Mund halten! Was habe ich bloß alles gesagt?“

Nach den vielen Jahren bin ich immer wieder überrascht, wenn mich jemand anspricht und feststellt: „Ich war bei dir (oder bei Ihnen) in der ‚Großen Chance‘!“ Beim Andy Borg weiß ich es natürlich, beim Andy Marek (die „Stimme“ Rapids) hatte ich es vergessen. Übrigens: Der Marek nahm 1984 an der österreichischen Vorausscheidung zum Grand Prix Eurovision de la Chanson (Heute „Eurovision Song Contest“) teil, belegte mit seinem Lied „Top Secret“ (von Kurt Brunthaler) jedoch nur den sechsten Platz. 2015 wird uns diese Monster-Sendung aus Wien noch sehr beschäftigen …

ERLEICHTERUNG: ICH BIN NOCH NICHT DEMENT!

Erst wollte ich mich mit dem Opernball beschäftigen ... Als ich aber dann in meiner Sendung „Brieflosshow“ meinen alten Freund Ulli Bäer als Ulrich Bauer ansagte (habe es aber gleich bemerkt und korrigiert), drängte sich mir ein anderes Thema auf, das viele beschäftigt: Bin ich auf dem Weg zur Demenz?

Immerhin wurde ich vor wenigen Tagen 71 Jahre alt! Da hätte ich für eine schleichende Verblödung zumindest eine gute Ausrede. Aber erst nach einem zweiten Ereignis wollte ich es genau wissen. Auf der Fahrt zum ORF-Zentrum wusste ich plötzlich nicht mehr, welche Ausfahrt ich nehmen sollte ... Dazu kamen so kleine Ereignisse wie: Ich stehe in der Küche und weiß nicht mehr, was ich da wollte ... Das Internet bietet verschiedene Tests an. In einem soll man eine Uhr zeichnen, bekommt eine bestimmte Zeit vorgegeben (oder denkt sich selbst eine) und soll entsprechend den großen und den kleinen Zeiger einzeichnen. Häufiger ist der Test mit den zehn Fragen: Fühlen Sie sich verfolgt? Fühlen Sie sich mutlos und einsam? Und dergleichen mehr. Ein „Ja“ muss noch immer kein Anzeichen für eine beginnende Demenz sein. Können ja auch einfach Depressionen im Alter sein. Jedenfalls sollte man, zeigt der Test ein negatives Ergebnis, mit einem Spezialisten reden. Also, ich muss mir um mein Kurzzeitgedächtnis (und um das geht es mir in erster Linie) noch keine Sorgen machen. Bin bei allen Tests gut ausgestiegen. Bleibe vorläufig der „Wiener Seele“ erhalten.

Vorbeugend – das mache ich schon lange – hilft tägliches „Gehirn-Jogging“ und natürlich gesunde Ernährung und Bewegung (beherzige ich weniger). Auch Anleitungen zum „Hirn-Training“ findet man im Internet. Nichts wie ran, um die Zeit mit „Honig im Kopf“ noch vor sich herzuschieben.

DAS „SCHEIBERL-SPIEL“ UND DER PAPIER-MANN

An Fußball Interessierte sollten das wissen. Denn es gab eine Zeit, da war Österreich tatsächlich die „Fußball-Großmacht“ schlechthin. Viele Menschen wird es nicht mehr geben, die heute noch wissen, wer der „Papierene“ war. Genannt wurde so Matthias Sindelar (gestorben 1939), der Kapitän des österreichischen Fußball-„Wunderteams“. Die Mannschaft spielte so wie heute der FC Barcelona. Nur hieß es nicht Kurzpass-Spiel, sondern „Scheiberl-Spiel“. Anfang der 30er Jahre schlug dieses Team nahezu jede andere Nationalmannschaft. Da waren Siege dabei wie der 6:0-Kantersieg in Berlin gegen das Deutsche Reich sowie der 5:0-Sieg zwei Wochen später im Revanche-Spiel in Wien. Die Schweiz wurde 8:1 geschlagen, Frankreich 4:0, Italien 2:1, Belgien 6:1, Schweden 4:3. Am 24. April 1932 ging es gegen den „Erzfeind“ Ungarn, der damals noch, wie Österreich, eine der besten Mannschaften der Welt war – Rot-Weiß-Rot siegte 8:2.

1932 gewann Österreich mit Sindelar als Kapitän den Europapokal der Fußball-Nationalmannschaften, den Vorläufer der heutigen Europameisterschaft. Der „Papierene“ wurde Sindelar genannt, weil er so schmächtig war. Nach einer schweren Knieverletzung trug er einen Stützstrumpf, der zu seinem Markenzeichen werden sollte. Mit der Wiener Austria gewann er den Mitropapokal. Als Bub bin ich mit meinem Freund und seinem Vater jeden Tag von der Rotenturmstraße zu Fuß ins Stadionbad gegangen. In der Löwengasse kamen wir an einem Vereinslokal vorbei – in der Auslage hing ein Bild des „Wunderteams“. Das weckte meine Neugierde, und ich wollte alles über das Team wissen. Wirklich witzig fand ich, dass der Nationaltrainer damals den Forderungen der Presse nachgab und jenes Team zusammenstellte, das diese wollte. Er nannte es „Schmieranski-Team“ und daraus wurde das „Wunderteam“.

SITZT EIN ARSCHLOCH AUF EINEM BAUM UND WEINT

Überzeugt bin ich davon, dass das Wort „Arsch" im Leben der schlichten Wiener Seele unentbehrlich ist. Auf einer alten Langspielplatte von Helmut Qualtinger kam es fünfzig- bis sechzigmal vor. Und wer bin ich, dass ich den großen Qualtinger kritisiere? Nein, ganz im Gegenteil, ich will es ihm gleichtun! Also habe ich letzte Woche auf der Bühne im Donaupark nicht mit den Worten „Guten Abend, meine Damen und Herren" oder mit „Liebes Publikum, schön, dass Sie so zahlreich erschienen sind …" eröffnet. Nein, ich begann übergangslos mit den Worten: „Sitzt ein Arschloch auf einem Baum und weint …" Im gleichen Augenblick herrschte Stille, und alle Augen waren auf mich gerichtet. Auf Facebook habe ich davon berichtet, und viele wollten wissen, wie es weitergeht. Exklusiv sollen die Leserinnen und Leser an dieser Stelle genau das von mir erfahren.

Also, besagtes Arschloch weint. Da kommt eine gütige Fee vorbei und fragt: „Du armes, kleines Arschloch. Warum weinst du denn so bitterlich?" „Wäu i a Oarschloch bin …" „Ja, was möchtest du denn stattdessen sein?" Das Arschloch, nach kurzer Bedenkzeit: „A Singvogel!" Die Fee lässt ihren Zauberstab kreisen, und aus dem unglücklichen Arschloch wird ein prächtiger Singvogel, der nunmehr zufrieden auf einem Ast sitzt. Da lässt sich ein anderer Singvogel neben ihm nieder und grüßt freundlich: „Servus Arschloch!" „I bin ka Oarschloch! I bin a Singvogel!" „Ach ja … Na, dann sing einmal." Der „neue" Singvogel holt tief Luft, und aus seinem Schnabel kommt das Geräusch eines kräftigen Furzes …

Mein Alter hat also gewisse Vorteile – denn jetzt darf ich solche Witze ungestraft auf der Bühne erzählen.

ALS ICH ZUM ERSTEN MAL GROSSVATER WURDE

Um 4 Uhr morgens läutete mein Telefon, das ich blöderweise im Nebenzimmer hatte liegen lassen. „Ein Unglück!", war mein erster Gedanke, und ich sprang – was in meinem Alter nicht vernünftig ist – mit beiden Beinen zugleich aus dem Bett und donnerte anschließend mindestens zweimal gegen die Wand. Für den Rest des Tages kämpfte ich mit meinem Kreislauf und mit leichtem Schwindel. Am Telefon meldete sich mein Sohn, um mir mitzuteilen, dass er jetzt mit seiner Freundin in die Klinik fahre. Hätte er mich nicht später – viel später – informieren können?

Zu keinem Zeitpunkt habe ich mich ernsthaft damit auseinandergesetzt, was es bedeutet, ein Großvater zu sein. Vielleicht auch deshalb, weil ich keinen meiner beiden Großväter kennengelernt habe. Da es sich, ein Nachteil meines Berufes, nicht geheim halten ließ, wurde ich zum „öffentlichen" Opa. Menschen auf der Straße gratulieren mir. Warum eigentlich? Nach der „Wut-Oma" gibt es jetzt also auch den „Pop-" oder „Rock-Opa". Wenn ich „Großvater" höre, fallen mir zunächst Heidis „Alm-Öhi" und dann STS mit ihrem Titel „Großvater" ein. Nur allmählich begreife ich, dass der Großvater für die Wiener Seele etwas Besonderes ist. Ausnahmsweise tut es mir leid, nicht in Amerika zu leben. Dort ist nämlich die Hälfte aller Großeltern unter 60 und ein Viertel unter 50 Jahre alt. Aber in Wien? Erst am zweiten Tag hat man mir meine Enkelin, die auf den Namen Lea hören wird, in den Arm gelegt. Der Säugling empfand meine Wärme, wurde ganz ruhig und füllte konzentriert seine Windeln. Ein Vorgang, der sofort ruchbar wurde. Mir wird nachgesagt, dass meine Stimme wohlklingend sei und Kinder deshalb ruhig werden. Gott sei Dank sch*** sich nicht jedes Kind gleich an, mit dem ich rede. Ich werde also jetzt versuchen zu erlernen, ein Großvater zu sein. Das Vatersein habe ich, sagen meine Kinder, recht gut hinbekommen. Jetzt bin ich, wie es in diesen Zeiten heißt, auf dem „nächsten Level".

ÜBER SPATZI-INSCHRIFTEN UND „FRIEDVOLLE“ ANRAINER

Ja, ich bin gerne am Friedhof. Schon jetzt. Ein „Open Air“-Konzert, so wie es einmal im Jahr am Zentralfriedhof stattfindet, das hat was. Es heißt „Nachklang“, und die Bühne steht vor der Luegerkirche. Am 9. Juni ist es wieder so weit. Voriges Jahr kamen an die 3.000 Besucher! Dieter Chmelar und ich moderieren uns an die Grenze der Pietät und schlittern zumeist unversehens drüber. Schon bei der Tonprobe genießt man, dass es keinen Ärger mit den Anrainern gibt. Beschwerden bitte in der nächsten Séance! Seit ein Sprayer an die Friedhofsmauer geschrieben hat „Parken nur für Anrainer“, gibt es auch genügend Parkplätze. Also eigentlich ist alles frei.

Als ich Applaus bekam und einige Lacher provozierte, meinte mein Freund Dieter, wie schon einmal zuvor: „Mit deinem Talent gehörst du schon lange auf den Friedhof!“ Der kann richtig schön Komplimente machen. Dieter sammelt ungewöhnliche Inschriften auf Grabsteinen wie: „Es war viel zu kurz – dein Spatzi“. Na, ich will hier nicht unser ganzes Pulver verschießen. Freu mich auf das Spezial-Programm der „Vereinigung der Friedhofsänger“. Wenn ich gut drauf bin, werde ich mit Christian Müller (ehemals Volksopernchor) das „Hobellied“ zum Besten geben. Und das Pop-Trio „DIE3“ wird sicher singen: „Es lebe der Zentralfriedhof“. Vor dem Auftritt mache ich wieder meine Runde und werde, wie jedes Jahr, feststellen, dass ich auf dem Friedhof längst mehr Freunde habe als auf dem Küniglberg. Zum Abschluss habe ich für diejenigen, die nach Gräbern von Verwandten suchen, einen heißen Tipp: „Verstorbenensuche“ ist im Internet das Suchprogramm! Sie erfahren nicht nur Grabreihe und Nummer, sondern auch Geburtsdatum und Tag des Todes. Wenn Sie mit dem Navi kommen, geben Sie „Zentralfriedhof Tor 2“ ein, und sobald Sie auf dem Friedhof sind, wird Ihnen die „Navi-Stimme“ mitteilen: „Sie haben Ihr Ziel erreicht!“ Übrigens, was jeder weiß: Das letzte Auto ist immer ein Kombi!

UND ROCKY GING „ÜBER DEN REGENBOGEN"

Rocky war 17 Jahre lang sein „Ein und Alles". Dann ging Rocky „über den Regenbogen". Slobodan errichtete ihm liebevoll eine Grabstätte und besucht ihn seit vier Jahren zweimal am Tag. Menschen sehen ihn dort sitzen und die Lippen bewegen. Er erzählt Rocky, wie er sich fühlt und wie sein Tag gelaufen ist. Rocky war sein Hund, ein Pekinese, den er über den Tod hinaus liebt …

Auf dem Tierfriedhof Wien musste ich mir eingestehen, dass ich hoffnungslos sentimental bin. Ich bin mir sicher, am Tierfriedhof die Liebe zu spüren. Berührend ist das Grab von Burli, einem Hamster. Zwei Jahre hat er nur gelebt, aber die Zeit reichte, um das Herz eines Menschen zu erobern. „Es werden allmählich mehr, die ihre Lieblinge hier beisetzen", sagt Hermann Hahner, der bemüht ist, jeden Wunsch zu erfüllen. Abholung und Transport, Aufbahrung, Einsegnung, Musik bei der Bestattung, Beratung bei der Grabstelle … Für Hermann ist nichts unmöglich. Seine Theorie, wieso Menschen immer stärkere Beziehungen zu ihren Tieren entwickeln: „Immer mehr Menschen in unserem großen Wien vereinsamen. Dann holen sie sich ein Wesen in die Wohnung, das sie am Morgen mit einem Wedeln, einem sanften Miauen oder einem fröhlichen Zwitschern begrüßt. So entsteht eine starke Bindung zwischen Mensch und Tier …"

Ich wollte, ich hätte auch so eine Erinnerungsstätte, wo ich mich an meinen Foxterrier Nicky, der mich 16 Jahre lang durch meine Kindheit und Jugend begleitet hat, erinnern kann. Im Herzen habe ich ihn sowieso für immer. Hin und wieder würde ich ihn besuchen und ihm in Gedanken erzählen, was aus mir geworden ist, seit er „über den Regenbogen" gegangen ist …

WO SIND DIE ORIGINALE HIN?

Im Nachtleben vor 50 Jahren konnte man dem „Glücksbüscherl“ nicht ausweichen. Früher oder später ist der kleine Mann mit dem Korb voller Blumen in jedem Lokal aufgetaucht und trug seinen Spruch vor: „Das Glücksbüscherl … Wegen Ihna, Herr Doktor, bin I extra kumma …“ Seine Blumen sahen aus wie eigenhändig gesammelte Wiesenblumen (vor allem Veilchen). Aber er schien recht gut zu verdienen. Als er nicht mehr kam, wurde gemunkelt, er wäre an der Syphilis gestorben. Dafür sprach, dass ihm beim Gehen die Unterschenkel unter den Knien stets leicht nach vorne kippten.

Ein echtes Original war auch der WALULISO. Umwelt- und Friedensaktivist war der Wickerl Weinberger, der 92 Jahre alt wurde. Sein Grab ist auf dem Zentralfriedhof: Gruppe 30 E, Reihe 1, Nummer 27. Er sammelte Unterschriften für den Erhalt der Donauinsel als Naherholungsgebiet für die Wiener. Auf dem Stephansplatz und dem Naschmarkt hielt er Ansprachen und war für Touristen ein begehrtes Fotomodell.

Schuld daran war in erster Linie sein (wie man heute sagen würde) „Outfit“. Er bekleidete sich stets mit einer weißen Toga, einem Stirnkranz aus Olivenzweigen sowie einem Hirtenstab und hielt in der Hand einen Apfel. Sein Motto war: Was der Mensch wirklich braucht, sind Wasser, Luft, Licht und Sonne. Deshalb WA-LU-LI-SO.

Auch Bürgermeister Helmut Zilk fand Gefallen an dem Original und schickte ihn beim Donauinselfest auf die Bühne. Nahezu jeder kannte ihn, der Wickerl wurde bejubelt.

Und dann gab es noch Poldi Waraschitz, den „Schnorrerkönig“ (1900–1970), der von der Presse als „Pumpgenie“ gewürdigt wurde, denn er lebte in erster Linie vom Geld seiner wohlhabenden, prominenten Freunde. Dreizehn Geschwister hatte der Wiener. Und einige Berufe. Er lernte eine Zeit lang das Schneiderhandwerk, war Statist und in Berlin Journalist; Gastronom war er auch, bis er das „Schnorren“ zum Lebensinhalt machte. Der Poldi hatte eine ungemein gewinnende Art und ein sagenhaftes Gedächtnis. Es heißt, er hätte Magda Schneider und Hans Söhnker (berühmter Filmschauspieler) entdeckt. Der Wiener Hollywood-Regisseur Billy Wilder wollte Poldis Leben verfilmen. Mir fehlen diese Originale. Sie waren ein Teil Wiens und meines Lebens.

DIE WILDESTEN EHEN IM SÜNDIGEN GÄNSEHÄUFEL

Bis zum Ende des Ersten Weltkrieges durften im Gänsehäufel-Bad Frauen und Männer nicht gemeinsam ins Wasser. Das galt zu dieser Zeit als sittenwidrig. Es gab das Frauenbad, das Männerbad und das Familienbad. In Letzterem durften sich die Geschlechter gemischt dem Badevergnügen hingeben. Voraussetzung: Die Paare erschienen gemeinsam an der Kasse und betraten gemeinsam das Bad. Dokumente wurden nicht verlangt. Und so konnte es geschehen, dass bereits am Praterstern „Heiratsanträge" gemacht wurden oder dass in der Schlange zur Kasse „geheiratet" wurde, „bis dass das Ende des Badetages uns scheidet".

Es war diese Moral, die dem Begründer des Gänsehäufels, Florian Berndl, zum Verhängnis wurde und ihn schließlich in den Selbstmord trieb. Berndl kam aus dem Waldviertel: Der Vater war Schneider, die Mutter Hebamme. Er erlernte das Schneiderhandwerk und die Mutter unterrichtete ihn in Naturheilkunde. 1900 pachtete Florian Berndl die Insel, die durch die Donau-Regulierung entstanden war, für 15 Gulden von der Gemeinde Wien. Seine Begründung: Pflege und Erhalt der Edelweiden.

Berndl errichtete eine Strohhütte, und schon bald kamen die ersten Badegäste und „Patienten". Das blieb nicht unbemerkt, und die „feine" Wiener Gesellschaft empörte sich über das „sündige" Treiben an der Alten Donau. Männer und Frauen badeten gemeinsam, manchmal unbekleidet. Die Presse berichtete, und

1905 kündigte die Gemeinde die Pacht unter dem Vorwand, Berndl hätte ohne Lizenz Getränke verkauft. Er zog in den Norden der Insel und nannte den Teil (wegen des Sandstrandes) „Brasilien". Und er behandelte Menschen weiter nach dem Vorbild von Pfarrer Kneipp mit Wasser und Luft.

Mittlerweile hatte Bürgermeister Karl Lueger das größte Freibad Europas eröffnet. Berndl wurde Bademeister. Doch es kam der Vorwurf der „Kurpfuscherei". Er wurde gekündigt und delogiert. Berndl zog für die letzten 21 Jahre seines Lebens nach Bisamberg. In tiefer Verzweiflung stürzte er sich 1934 aus einem Krankenhausfenster in den Tod. Noch heute gibt es das Florian-Berndl-Bad an der Stadtgrenze zu Bisamberg, die Florian-Berndl-Gasse an der Alten Donau und ein Ehrengrab auf dem Wiener Zentralfriedhof.

ICH BIN EIN STIMMUNGSKILLER

Ein Betrunkener ruft auf der Straße einem Polizisten zu: „Prosit Neujahr!" Der Polizist verblüfft: „Sie! Wir haben den 3. Jänner!" Darauf der Betrunkene: „Jessas, mei Oide wird schimpf'n ..." Alkohol und Silvester scheinen oft zusammenzugehören. Das lasse ich aus ... Ich werde durch Alkohol nicht lustiger, höchstens müde. Hin und wieder ein Schnaps und ein Glas Bier reichen.

Auch in allem Übrigen bin ich ein Silvester-Versager. Bekomme ich so einen Keks-Fisch, den man beim Kopf anbeißen soll, damit das Glück bringt, dann holt mich meine katholische Erziehung ein, wo es hieß, Aberglaube ist Blasphemie. So was bekommst nicht mehr aus dem Schädel. Also warte ich, bis mich keiner sieht und beiße in den Schwanz. Auch beim traditionellen Bleigießen bin ich eine Niete. Noch nie ist es mir gelungen, aus der im kalten Wasser erstarrten Masse irgendetwas Vernünftiges herauszulesen.

Bei einer privaten Party zum Jahreswechsel haben wir einander den üblichen „guten Rutsch" gewünscht. Vor dem Haus war Glatteis, einer der Gäste ist ausgerutscht und hat sich den Arm gebrochen. Seitdem unterlasse ich solche Wünsche. Dann ist da noch die Sache mit den Glücksbringern – Hufeisen, vierblättriges Kleeblatt, Fliegenpilz, Rauchfangkehrer und Schweinchen. Die versuche ich stets rasch wieder loszuwerden. Ich habe so viel Glück in meinem Leben – Karriere im Fernsehen und immer noch Arbeit, drei gesunde Kinder und eine gesunde Enkelin, ein glimpflich abgelaufener Herzinfarkt und ich kann meinen Hund selbst täglich durch den Auwald führen. Ich weiß wirklich nicht, ob ich mit noch mehr Glück umgehen könnte. Den Überschuss überlasse ich anderen, die es dringend brauchen.

Zusammengefasst bitte ich, davon Abstand zu nehmen, mich zu einer Silvesterparty einzuladen. Ich wäre mit Sicherheit ein Stimmungskiller.

ALS PROMI ERKANNT – UND AUCH VERKANNT!

Beim Augenarzt (!) musterte eine ältere Dame den Fußballer Herbert Prohaska. Erst verstohlen, dann aber immer offensichtlicher. Schließlich brach es aus ihr heraus: „Ich kenn Sie! Se san a bekannter Sportler!" Prohaska bejahte, leicht geschmeichelt. Die Dame sagte zufrieden: „I hab's glei g'wusst! Se san der Karl Schranz!" Immerhin hat die Frau ihn als Sportler erkannt. Bei einer anderen Gelegenheit hat eine Frau, die sein Gesicht erkannte, ihn hartnäckig als einen Friseur aus der Wiener Innenstadt identifiziert. Jedem Promi ist das schon passiert – erkannt und verkannt zu werden.

Otto Schenk erzählt bei seinen Auftritten zur allgemeinen Erheiterung, wie ihn eine Trafikantin am Semmering verblüffte: „Sie schauen einem Schauspieler ähnlich! Nix sagen! Ich habe es gleich ... Ahh ... Sie schauen aus wie der Otto Schenk! Aber der ist ja auch schon lang tot ..." Liza Minnelli hat das Thema so sehr beschäftigt, dass sie diesem Phänomen in ihren Auftritten ein eigenes Lied widmete: „It's Liza With a Z." Der Song gipfelt in dem Ausruf einer Passantin (übersetzt): „Schau! Da geht die Lisa Minulli!"

In meiner Anekdotensammlung, die ich im Kopf trage, hat aber der Bürgermeister einer kleinen Gemeinde den Vogel abgeschossen. Er ließ es sich nicht nehmen, ein Programm persönlich anzusagen. Damals fragte er den Alfred Böhm und mich: „Wie heißt die Künstlerin, die jetzt kommt?" Wir gaben Auskunft: „Sie heißt Cissy Kraner ..." – „Sissy Kraner ...?" – „Nein! Cissy! Das muss man wie ein ‚Z' aussprechen ..." Er ging auf die Bühne zum Mikrofon: „Meine Damen und Herren, und jetzt singt für Sie die beliebte Volkskünstlerin Zipferl Krasna!" Na, immerhin hatte er sich das „Z" gemerkt – die „Zipferl" war aber alles andere als begeistert.

Für jüngere Fans war ich eine Zeit lang der „Stefan Raab", und für einen angeheiterten Mann im Bahnhof St. Pölten gar der

„Peter Weck". Ich antwortete freundlich lächelnd: „Nur wenn ich gehe, dann ist der Peter weg …" Unvergessen bleibt mir ein lieber Lausbub, der einen Zettel in der Hand hielt: „Bitte, Herr Rapp, geben Sie mir ein Telegramm. Sie sind schon lange ein Fan von meiner Mutter!" Kolumnen-Kollege Dieter Chmelar behauptet gerne, ich wäre schon so lange dabei, dass ich meine ersten Autogramme noch in Kurrent gegeben hätte …

EIN KOPFLOSER AUF DER ÜBERHOLSPUR

„Sommerloch" ist ein Begriff aus den Redaktionen der Zeitungen für die Nachrichtenflaute in der wärmsten Jahreszeit. Aber, die hungrigen Seiten jedes Blattes müssen „gefüttert" werden. Und so gibt es seit Jahrzehnten „Fake News", erfundene Nachrichten, die in größeren Abständen immer wieder in den Zeitungen und Magazinen in aller Welt auftauchen. Solche „Nachrichten" stehen vorzugsweise auf den Auslandsseiten und sind so gut wie gar nicht nachzuprüfen. Da ist der Mann, der nackt in einem See schwamm. Eine Riesenschildkröte biss ihm die Hoden ab. Der Mann verfolgte die Schildkröte, aber sie gab ihre „Beute" nicht mehr her. Da ist der Lkw mit der schlecht gesicherten Ladung Metallplatten. Der Fahrtwind hob die oberste Platte ab. Die segelte vom Wagen und rasierte einem Motorradfahrer, der den Lkw gerade überholte, glatt den Kopf ab. Durch die Beschleunigung, mit der die schwere Maschine fuhr, überholte sie noch den Lkw. Der Lastwagenfahrer blickte nach links und sah den Kopflosen beim Überholen. Er erlitt einen Herzinfarkt und starb noch an der Unfallstelle.

Und dann ist da noch der Mann, der im Badezimmer nackt und breitbeinig vor dem Spiegel stand und sich eine Rasur genehmigte. Er bemerkte nicht, dass hinter ihm die Katze auf dem Boden saß und mit wachsender Erregung das pendelnde „Spielzeug" fixierte. Schließlich fuhr sie ihre Krallen aus, sprang hoch und langte „ins Volle". Vor Schreck schnitt sich der Mann mit dem Rasiermesser und rutschte auf dem Blut aus. Dabei brach er sich ein Bein. Als ihn die Sanitäter auf der Bahre aus dem Haus trugen, fragte einer: „Wie ist denn das passiert?" – „Meine Katze hat mir eine über die Eier gewichst …" Die Männer lachten so sehr, dass ihnen die Bahre aus den Händen rutschte, dabei brach sich das Unfallopfer noch zusätzlich einen Arm.

Aber das war noch nicht alles! Die Ehefrau kam nach Hause, sah die Bescherung und wischte mit in Benzin getränkten Lappen den Boden auf. Die Lappen warf sie in die Toilette. Später kam auch der Mann wieder aus dem Krankenhaus, setzte sich aufs Klo, rauchte eine und warf die noch glühende Zigarette unter sich ins Spülbecken. Durch die Stichflamme erlitt er Verbrennungen dritten Grades. Die Legende besagt übrigens, dass es einen Alkoholiker gab, der für Schnaps solche Geschichten erfand. Er soll regen Besuch von Journalisten gehabt haben. Die Geschichten gibt es aber wirklich – ich habe sie selbst gelesen! Erfinden könnte ich so etwas gar nicht …

DER FRIEDHOFS-BRÜLLER

Gleich vorweg: Niemand weiß alles, aber einige wissen sehr viel. Einer davon ist Dieter Chmelar (spricht sich – weil Eigenname – „Schmelar" aus). In der letzten „Millionenshow" beim Assinger wurde er als Champion gefeiert. Zu Recht! Er war 15 Mal „Telefon-Joker" und lieferte 14 richtige Antworten.

Dieter ist erblich belastet. Sein Vater war ein Quiz-Champion im legendären Fernsehformat „Quiz 21", das ab 1953 in Österreich zu sehen war. Moderator war der noble und sehr liebenswerte (weiß ich aus eigener Wahrnehmung) Carl Graf Schönfeldt-Hornegg, dessen Frau Christl „Gräfin" Schönfeldt den ersten Opernball organisierte. Wer in „Quiz 21" siegte, trat in der nächsten Sendung wieder an. Dieters Vater war über eine lange Zeit Dauer-Kandidat. Er gewann für damalige Verhältnisse (nicht für heutige) stattliche Summen!

Dieter lebte mit Mutter und Schwester in einer Kleinwohnung mit etwa 49 Quadratmetern und war davon überzeugt, dass jetzt die besseren Zeiten anbrechen würden, als das Familienoberhaupt mit dem Gewinn nach Hause kam. Vater nahm das viele Geld, reiste alleine nach Amerika und brachte eine Glaskugel, in der es beim Schütteln schneite, als Geschenk mit. Dieser Vater war es, der den Sohn immer wieder verbal terrorisierte und misshandelte. In den Augen des Cholerikers war der Dieter „zu dämlich für alles".

Und so begann der Gepeinigte, jedes erreichbare Buch zu „fressen". Und er hatte die Gabe, sich das Gelesene tatsächlich zu merken. Davon profitieren wir heute jedes Mal, wenn wir sein enormes Wissen abrufen. Aber der übermächtige Vater hinterließ seine Spuren in dem sensiblen Sohn. Erst als ihm eine Therapeutin empfahl, dem Verstorbenen am Grab alles, was sich angestaut hatte, „nachzurufen", fand Chmelar einen Weg, zumindest einen Teil seiner schmerzlichen Vergangenheit zu bewältigen. „Viele Friedhofsbesucher waren verunsichert und beunruhigt, als sie den brüllenden Mann an der Grabstelle beobachteten", erzählt Dieter heute, „aber mir hat es tatsächlich geholfen …“

Man kann ihn beneiden. Aber seitdem ich weiß, unter welchem Druck er zu seinem großen Wissen gekommen ist, ist es mir lieber, ich bin nicht ganz so gebildet. Dieses Wissen muss doch auch mit Liebe zu erwerben sein, oder? Jedenfalls lese ich seine Kolumnen jetzt mit anderen Augen.

MAN TRIFFT SICH IMMER ZWEIMAL IM LEBEN

Es ist erst wenige Tage her, dass mich abends in einer Tankstelle ein etwa 20 Jahre alter, also noch junger Mann, plötzlich ansprach: „Herr Rapp, vor 15 Jahren war ich das Kind vor Ihnen an der Kassa in einem Supermarkt. Ich hatte für Süßigkeiten nicht genügend Geld dabei. Sie haben es einfach dazugelegt. Das werde ich nie vergessen!“ „Man trifft (und sieht) sich immer zweimal im Leben“, ist eine Redensart, die sicherlich viele Menschen kennen und bestätigen können. In meinem Fall ist es einfach und naheliegend. Wenn man, so wie ich, ein einigermaßen bekanntes Gesicht hat, dann bleibt man schnell in der Erinnerung einer oder eines anderen haften. So ist es nicht überraschend, dass immer wieder Menschen an mich herantreten und freudig fragen: „Können Sie sich an mich noch erinnern?“ Dann wird ein Treffen angeführt, das schon viele Jahre zurückliegt. Das ist natürlich liebenswert naiv, denn inzwischen hatte ich auch mit anderen Menschen hunderte, wenn nicht tausende Begegnungen. Aber – da sie mich immer und immer wieder im Fernsehen oder in Zeitungen sehen, wird ihre Erinnerung ständig aufgefrischt. Meine Standard-Antwort, vorgetragen mit einem freundlichen Lächeln, ist dann stets: „Als wäre es gestern gewesen …“ An jene Anekdote, mit der ich die heutige Kolumne begonnen habe, konnte ich mich wirklich erinnern. Und eine angenehme Wärme streichelte mein Herz. Die Moral ist: Man sollte im Leben immer alle anderen Menschen freundlich und anständig behandeln!

VON NACKERTEN, SÄNGERN UND DER EWIGEN KÖNIGIN

Als Voraussetzung für den neuen Job muss man die meisten des eigenen Jahrgangs überlebt haben. Mit Erreichen des 75ers habe ich diese Hürde genommen. Nun sollte man noch möglichst interessante Ereignisse seiner Zeit bewusst wahrgenommen haben und anschaulich darüber erzählen können. Klingt einfach, ist es aber nicht. Doch es hat sich herausgestellt, dass ich die Bedingungen erfülle. Da obendrein in letzter Zeit immer mehr Menschen in meinem Alter „den Löffel" abgegeben haben (Ausdruck aus dem rustikalen Leben), mehren sich bei mir die Anfragen nach Wortspenden.

Dann kramen wir im Zeitzeugen-Kopf. Im Sommer wird es in Wiesen eine Aufführung eines der erfolgreichsten Musicals aller Zeiten geben: „Hair" – mit Hits wie „Aquarius", „Let the Sunshine in" und eben „Hair". 24 Jahre war ich alt, als ich einst nach München fuhr, um im „Kronebau" die deutsche Uraufführung dieses Musicals zu sehen. Als „Skandal" wurde geoutet, dass in einer Szene alle Darsteller nackt auf der Bühne wären. Es war halbdunkel, und die jungen Schauspieler schlüpften so schnell unter eine riesige Leinwand, dass ich nicht einmal hätte sagen können, wer weiblich und wer männlich war. Einige wie Jürgen Marcus, Donna Summer und Liz Mitchell (Boney M.) durfte ich später in der Sendung „Spotlight" näher kennenlernen. Dann war da der rot-weiß-rote Schauspieler, Filmregisseur, Filmproduzent und Autor für Magazine und Zeitungen, Peter Kern, der mit „Hair" auf Tournee war. Ich verlor ihn aus den Augen, habe mich aber jetzt an ihn erinnert. Peter liegt in einem Ehrengrab am Zentralfriedhof. Wichtig ist aber die Zeitgeschichte rund um „Hair". Die 60er Jahre waren die Zeit der Studentenbewegungen und der Jugend-Revolution. Trug man lange Haare, wurde man von Lehrern und Eltern als „Gammler" (Asozialer) und „Hippie" bezeichnet. Letzteres ist gar nicht so übel, weil die Bezeichnung ursprünglich von „hip" kam. Das hieß: „Die den Durchblick haben." Ein Spruch aus der Zeit war: „Wer zweimal mit derselben pennt, gehört schon zum Establishment."

Aber für so einen Zeitzeugen gibt es noch mehr zu tun. Für einen Hernalser Sportverein werde ich ein Jubiläum moderieren, weil ich eine enge Beziehung zu dem Bezirk habe. Über einige Jahre war ich Sänger in der „Tanzschule Hernals", der „Pö", am Elterleinplatz und in der Rötzergasse habe ich einen Jugendklub geleitet. So kann man ohne Weiteres sagen, dass ein Gutteil meiner Karriere von Hernals ausgegangen ist. Eine weitere unvergessliche Erinnerung: Im Mai 1969 stand ich, mit tausend anderen, gegenüber dem Hotel Imperial auf der Ringstraße, um einen Blick auf Queen Elisabeth (samt Gatten Prinz Philip) werfen zu können. Na ja, ich war 25, und sie immerhin eine echte Königin. Und das ist sie ja immer noch.

DAS GACKERL UND DAS GLÜCK

Dieter: „Peter! Warst du gestern in der Mariahilfer Straße in einem grauen Kleinwagen?" Peter: „Nein!" Dieter: „Aha! Dann war das doch ein Mistkübel!" Also: Was sich liebt, das neckt sich, heißt ein Spruch. Und bei meiner derzeitigen Nähe zur MA 48 wäre es durchaus möglich gewesen, mich in einem Mistkübel zu sehen. Die diversen Taten des „Karotten-Balletts" beginnen in meinem Leben eine Rolle zu spielen. ORF III zeigt ein vorsichtiges Interesse, mit mir als Moderator die „Helden des Alltags" zu präsentieren. Station eins könnten die Frauen und Männer sein, die unsere schöne Stadt sauber halten. Über unseren Müll und seine Beseitigung gibt es jede Menge Geschichten, Anekdoten und Berichte über Ideen, Probleme und deren Lösungen.

In der Amtszeit von Bürgermeister Helmut Zilk (1984 bis 1994) entwickelte sich der Hundekot, die „Hundstrümmerln", mehr und mehr zu einem gewaltigen Problem in den Straßen und Gassen Wiens, einem Problem, das unlösbar schien. Schätzungen ergaben, dass täglich (!) fünf bis sechs Tonnen

Hundesch*** anfielen. Die Bürgerinnen und Bürger empfanden es nicht mehr als „glückbringend“, in den widerlichen „Segen“ zu treten. In den 90ern wurde dem ÖVP-Gemeinderat Prof. Franz Karl (ein Meidlinger und ein Jahr älter als ich) die zweifelhafte Ehre zuteil, zum Vorsitzenden der „Hundekot-Kommission“ ernannt zu werden. Wie das bei uns so üblich ist, hatte er sofort seinen Spitznamen: der „Hundekot-Karl“. Tja, wer den Schaden hat, braucht für den Spott nicht zu sorgen.

Unzählige Ideen wurden vorgetragen und wieder verworfen. Windeln für Hunde, spezielle „Würstel-Staubsauger“, Kehrmaschinen, eigenes Personal nur für die Entfernung der „Gaben“ … Alles zu teuer oder zu aufwendig. 2006 wurde im Rathaus eine Petition für ein „Wien ohne Hundstrümmerln“ überreicht. Sie trug 157.000 Unterschriften. Der Kampagne wurde neues Leben eingehaucht. Seit Beginn des neuen Jahrhunderts hatte sie auch einen Namen: „Jedes Gackerl g'hört ins Sackerl.“ Die Kunststudentinnen Nora Jascha, Susanne Vostrel und Dagmar Trampisch lieferten eine Diplomarbeit ab, in der sie ihre Kampagne als Lösung anboten. Es dauerte gut und gerne zehn Jahre, bis das Problem mehr und mehr in die Eigenverantwortlichkeit der Hundehalter übertragen wurde.

Mittlerweile existieren 3.600 Hundekot-Sackerlspender mit dem „Gratis-Sackerl fürs Gackerl“. 25.000 öffentliche Papierkörbe von MA 42 und MA 48 gibt es in den Parks und auf den Gehsteigen. Wenn auch noch „Luft nach oben ist“: Wien hat bei der Lösung eines Problems wieder einmal „die Nase vorne“!

DAS GOLDENE WIENER HERZ

Gesehen habe ich es nicht, das „goldene Wiener Herz". Aber ich habe es mitten in der Krise gehört. Es war in einem Video im Internet. Ein Tenor (spanisch oder italienisch) ehrte die Menschen, die jetzt in den „systemrelevanten Betrieben" weiterarbeiten. Diejenigen, die die Stadt und die Menschen am Leben erhalten wollen. Um 18 Uhr öffnete der dankbare Sänger das Fenster seiner Wohnung und ließ seine prächtige, ausgebildete Stimme in den Hof erschallen. Aus einem anderen Fenster keifte mit weiblicher Stimme das „goldene Wiener Herz": „Ruhe!!! Glaubst, des is schen?!"

Aber das ist noch nicht alles an Hässlichem. Es gibt die selbst ernannten „Ordnungshüter", die nach Menschen suchen, die (ihrer Meinung nach) die Wohnung widerrechtlich verlassen. Sie selbst haben die Wohnung verlassen, weil sie sich berufen fühlen, andere zu vernadern und zu bedrohen. Allerdings wo Schatten ist, da ist auch Licht. Diejenigen, die weiter für uns arbeiten, weil es einfach notwendig ist, werden mit Danksagungen überschüttet und als Helden bezeichnet. Sie überziehen die Stadt mit einem Goldschimmer. Und dann wird es wirklich hellgolden. Ein unglaubliches Heer an Freiwilligen ist an allen Fronten aktiv geworden. Berührend ist die Tatsache, dass so viele junge Menschen jetzt als Nachbarschaftshelfer tätig werden. Sie machen Besorgungen für ältere Mitbürger, holen Lebensmittel aus den Supermärkten und Medikamente aus den Apotheken.

Zu allen Zeiten waren Krisen entlarvend. Menschen mit Herz und Hilfsbereitschaft traten hervor, aber bei manch anderen waren es die schlechten Seiten ihres Charakters, die die Oberhand gewannen. Barbara Stöckl hat in ihrer ersten großen Sendung zu dem Thema ein Sprichwort aus dem Norden Deutschlands bemüht: „Erst bei Ebbe sieht man, wer nackt im Wasser steht."

BREAKING NEWS: Während ich an dieser Kolumne feile, höre ich im Radio, dass das Donauinselfest abgesagt ist. Erwartet wurde das ja schon länger, auch für die Festwochen und andere

Großveranstaltungen wie der Aufmarsch zum 1. Mai. Damit müssen wieder hunderte Musiker ihre Hoffnungen auf baldige Einnahmen begraben. Bei meinen Freunden, den Musikern, erlebe ich hautnah mit, was die notwendigen Beschränkungen anrichten. Bei vielen Sängerinnen und Sängern, Musikerinnen und Musikern, decken die nächsten Einnahmen gerade mal die laufenden Kosten wie Mieten und Ähnliches ab. Vielleicht tun sich Menschen mit christlichem Glauben zur Osterzeit etwas leichter. Die Auferstehung soll Zuversicht und Hoffnung vermitteln.

Die Parolen der Zeit lauten: Abstand halten! Zusammenhalten! Durchhalten! Dem füge ich hinzu: Erhaltet euch die Hoffnung, dass der Weg, den wir in unserem Land eingeschlagen haben, der richtige ist, der niederträchtigen Epidemie ein Ende zu setzen. Umkehr zu einem anderen Plan ist keine Option. Alles hat einmal ein Ende, auch die schwierige Zeit, die wir gezwungen sind, zu durchleben. Mit dieser Zuversicht müssen wir jeden Morgen aus dem Bett klettern. Ich wünsche Ihnen allen, dass Sie Sieger im Kampf gegen das Virus bleiben.

PRICKELNDE ENTHÜLLUNGEN ZUM SEX AUF DEM KÜNIGLBERG

Sollten Sie, verehrte Leserin oder verehrter Leser, die Spannung nicht ertragen können, müssen sie einige Absätze überspringen. Zunächst ein paar geschichtliche Fakten zum Thema „Der Küniglberg und ich". Schon 1960 war ich auf dem „Berg der Demut" (Zitat: Dr. Peter Hofbauer) unterwegs. An Reste der zerstörten Flak-Kaserne, die auf dem Gelände gestanden hat, oder an das Lager für ausgebombte Familien, das ab 1945 eingerichtet worden war, habe ich keine Erinnerungen. Ich sehe nur noch mannshohes Unkraut, durch das ein kleiner staubiger Weg führte. Gerade breit genug, um ein Auto durchzulassen. Damals war ich, zarte 16 Jahre alt, „Mitfahrer" in einem Lieferwagen eines Elektrogroßhandels. Zu meinen Aufgaben gehörte es, an der jeweiligen Zieladresse beim Ausladen zu helfen. Der Fahrer war ein ausgesprochen netter Bursche, und wann immer es sich ergab, lehrte er mich die Kunst des Autofahrens ... Und das auf dem Gelände des heutigen Küniglberges.

1963 (ich war 19) absolvierte ich meinen ersten Fernsehauftritt in der Theodor-Körner-Halle in Schwechat. Die Sendung hieß „Leute von heute" und der Moderator war Willy Kralik. 1968 gab es zwei Ereignisse, die die Zukunft des ORF total verändern sollten: Ich moderierte zum ersten Mal „Spotlight" und – durchaus unbemerkt von mir – begann der Bau des Fernsehzentrums auf dem Küniglberg. Das TV-Theater (Studio 1) im Gebäudekomplex war für einige Jahre das größte Theater-Studio Europas. Und ein paar Jahre lang mein „zweites Wohnzimmer".

Im Studio 1 habe ich viele Sendungen wie beispielsweise „Wer A sagt", „Peters Party" oder „Champion" moderiert. Und auch gemütliche Garderoben gehören dazu, die recht praktisch eingerichtet sind. Mit einem Liegebett. Soviel ich weiß, hat Hans Rosenthal vor jeder „Dalli Dalli"-Sendung da eine Stunde geschlafen. Dann gab es einen Schminktisch mit einem großen Spiegel und (!) eine Dusche. Irgendwann begann ein Portier mit einem großen, mitfühlenden Herz, gegen einen Obolus (= eine kleine Geldspende) kurzfristig Schlüssel zu verleihen. Lediglich Handtücher mussten selbst mitgebracht werden. Das ging eine Zeit lang sehr gut – bis ein puritanischer Spaßverderber anonym die Vorgänge in höhere Stockwerke durchsickern ließ. So war das Ende einiger Portier-Karrieren und auch einiger leidenschaftlicher Liebesgeschichten im „öffentlichen (!) und rechtlichen Fernsehzentrum".

Die Vergangenheit dieser durchaus pikanten „Star-Garderoben" ist mir wieder eingefallen, als ich in einer Doku gesehen habe, dass unsere ZIB-Ladys jetzt in genau diesen Räumlichkeiten ihren Quarantäne- und Schönheitsschlaf konsumieren. Sie sind natürlich längst renoviert worden ... die Garderoben.

DIE KLOPAPIER-KRISE STÖRT DOCH OMA NICHT

Bis jetzt sind neuerliche Panikkäufe von Klopapier ausgeblieben. Das Rätsel, wieso sich am Beginn der Pandemie die Menschen weltweit (!) um Klopapier prügelten, blieb ungelöst. Einen einzigen Zusammenhang glauben die „Studierten" gefunden zu haben: je mehr Angst vor der Krankheit, umso größer das Verlangen nach Toilettenpapier!

Für mich erscheint es interessant, dass sich Menschen meines Alters weniger am Kaufrausch beteiligten, als es Jüngere taten. Tatsächlich müssten gerade wir durch die Geschichte des Klopapiers sensibilisiert sein. Mitte des 19. Jahrhunderts findet man (zumindest in Europa) die ersten geschichtlichen Erwähnungen eines speziell hergestellten Papiers für das (nicht immer) stille Örtchen. Und in jeder dunklen Zeitspanne kam es auch zu Engpässen bei diesem Hygieneartikel. Unsere Allerwertesten haben die harten Zeiten der mehrfachen Verwendung von Tageszeitungen nicht vergessen. Die Zeitschriften hingen sauber geviertelt an einem Nagel. Daher stammt vielleicht der

Spruch „Das kannst du an den Nagel hängen" ... Wenn sich damals einer meiner Kollegen oder Freunde über das empörte, was in der Zeitung stand, hatte ich den Spruch bereit: „Reg dich nicht auf, schon morgen sch***t der Kanarienvogel drauf."

Ebenfalls aus dieser Zeit stammt das oft zitierte Antwortschreiben eines Künstlers auf eine schlechte Kritik: „Ich sitze auf dem Klo in meiner Wohnung und habe ihre Kritik vor mir. Gleich werde ich sie hinter mir haben ..."

Szenenwechsel. Bei einer Versammlung der Gewerkschaft hinter dem Eisernen Vorhang (also in einem ehemaligen Ostblockstaat) soll es zu folgendem Wortgefecht gekommen sein – Redner: „Dank der Hilfe unserer sowjetischen Brüder wird bald jeder ein eigenes Auto haben!" Zwischenrufer: „Großartig! Und was ist mit Klopapier?" Redner: „Jeder wird für sich und seine Familie genügend Wohnraum haben!" Zwischenrufer: „Fantastisch! Aber was ist mit Klopapier??" Redner: „Und in jeder Wohnung wird es Fernsehen geben ..." Zwischenrufer: „Toll! Aber was ist mit Klopapier??!" Redner (total entnervt): „Leck mich am Arsch!!!" Zwischenrufer: „Das ist wieder nur eine Notlösung!"

Auch unsere ABC-Schüler kannten sich in dem waschechten Bereich aus. Der kleine Max schrieb in seinem Aufsatz zum Thema „Was ich beobachtet habe": „Die Oma ging über den Hof und hatte die ‚Times' unterm Arm. Wahrscheinlich ging sie sch***n, weil Englisch kann sie nicht."

ALS MIR ANTHONY QUINN EIN GEHEIMNIS VERRIET

Erzähle ich Jüngeren von prominenten Menschen, die ich durch meinen Beruf kennenlernen durfte, sehe ich zumeist in fragende Gesichter: „Wer ist das?“ Oder: „Wer war das?“ Die großen Namen aus der Musikbranche scheinen am schnellsten zu „verblühen“. Von den Jungen können nur noch wenige etwas über die Beatles erzählen. Dabei sind die „Pilzköpfe“ die erfolgreichste Band der Musikgeschichte. Ihre Plattenfirma EMI spricht von über einer Milliarde (!) verkaufter Tonträger. Ich kam zumindest in die Nähe von John Lennon, als er am 1. April 1969 mit seiner Frau Yoko Ono eine Pressekonferenz im Hotel Sacher gab. Die beiden lagen die ganze Zeit im Bett.

Wesentlich mehr Kontakt hatte ich zu Anthony Quinn (gestorben 2001). In der Hofburg durfte ich eine Charity-Auktion seiner Bilder moderieren. Überhaupt bleiben Film- und Fernsehstars „nachhaltiger“ in Erinnerung der Menschen. Wer zum Beispiel annimmt, der „Sirtaki“ sei ein alter Volkstanz der Griechen, der irrt. Der Tanz wurde für den Film „Alexis Sorbas“ (1964) und im Besonderen für Anthony Quinn, der wenig Talent für griechische Tänze zeigte, „erfunden“ und danach weltberühmt. Quinn behauptete sogar, er hätte eine Fußverletzung gehabt und deshalb wäre die Choreografie besonders einfach gestaltet worden.

Wenn man sich die Mühe macht, sein Wissen oder seine Schallplatten an die Kinder weiterzugeben, kann man damit schon Erfolge erzielen. Meiner Tochter Roxanne und ihrem Freund Felix habe ich ein paar meiner alten „LPs“ überlassen, und jetzt sind sie Fans von „Creedence Clearwater Revival“. Deren Hit „Hey Tonight“ war vor genau 50 Jahren in unserer und in der deutschen Hitparade. Zur gleichen Zeit war Landsmann Wolfgang Hofer mit seinem „Trödler Abraham“ in der Hitparade. Wolfgang kam aus dem Nachwuchsstudio der Radiomoderatorin Evamaria Kaiser. Er wanderte nach Deutschland aus und wurde sehr erfolgreicher Autor. Über 100 seiner Texte hat Udo Jürgens vertont. Zum Beispiel „Aber bitte mit Sahne". Es ist wenig bekannt, dass Udo so gut wie nie Texte schrieb, aber alle seine Lieder selbst komponiert hat.

Sieht man sich die Hitparade aus dem Jahr 1971 an, dann findet man da noch den Hit „Butterfly" von Danyel Gérard. Auch er war in meiner Sendung „Spotlight" zu Gast. Den deutschen Text schrieb Ben Juris, und das war ein Pseudonym von Jean Frankfurter, der zu den erfolgreichsten Textern der deutschen Schlagerbranche zählt. Er hat auch einiges für Roy Black geschrieben. „Butterfly" blieb so lange ein beliebter „Evergreen", dass Gérard bei TV-Auftritten das Publikum bat, ihm den deutschen Text einzusagen.

VON NASSEN CLOWNS UND G'SCHMACKIGEN TITELN

Die besten Pointen schreibt immer noch das Leben. Wie bei Dieter Chmelar hat sich im Laufe der Jahre eine Menge davon in meinem Kopf angesammelt. Eine der besten beginnt so: „Herr Direktor, ich habe ein Stück geschrieben, das sich ideal für die Josefstadt eignet. Ich weiß aber, dass wir den Titel ändern müssen ..." Die herrliche Pointe zu dieser Anekdote hebe ich mir noch ein wenig auf, in der Hoffnung, dass Sie weiterlesen. Erzählt hat sie mir Robert Jungbluth. Als er 2009 starb, hieß es über ihn: „Er war ein Visionär – ein Ausnahme-Kulturmanager!" Genauso einen wie ihn hätten wir in der Corona-Pandemie jetzt gebraucht.

Ich habe ihn 1969 in meinem zweiten Jahr als Zirkus-Sprecher in der Stadthalle kennengelernt. Später erst habe ich erfahren, was der Jungbluth alles für die Kultur in Wien geleistet hat. Er hat (mit Erfolg) Reformen in der Staatsoper, in den Bundestheatern, in Salzburg und anderen Kulturstätten durchgeführt. Er hat außerdem den Rabenhof als Theater-Spielstätte erhalten und gerettet. Das sind aber nur einige wenige der vielen Leistungen, die Jungbluth für die Kultur in der Stadt und im Land erbracht hat. Ich habe ihn wegen seines Humors und seiner Fähigkeit, Anekdoten zu erzählen, sehr geschätzt.

Zurück zum Jahr 1969, als Jungbluth Direktor der ehrwürdigen Stadthalle wurde und uns zusah, wie wir die Zirkus-Premiere probten. Bei einer Darbietung spritzten die Clowns von einem Trapez aus Wasser in die Mittelloge. Jungbluth sah sich die Szene nachdenklich an und meinte dann zu mir: „Großartig! Das ist die Loge, in der morgen Bundespräsident Kirchschläger mit seiner Frau sitzt …"

Nun zu meiner Lieblingsanekdote. Nachdem ein junger steirischer Autor zum dritten Mal Jungbluth das „ideale" Stück für die Josefstadt anbot und wieder darauf hinwies, dass der Titel geändert werden müsse, fragte er genervt: „Wie zum Teufel heißt denn das Stück???" „Napoleon! Geh scheiß'n!"

Bei einem Künstlerstammtisch wurde mir noch eine andere Anekdote über das Theater in der Josefstadt erzählt. Seitlich hinter der Bühne ist der Arbeitsplatz des Inspizienten, der mit dem Textbuch auf dem Pult auch die Aufgabe hat, die Schauspieler über Lautsprecherdurchsagen rechtzeitig zu ihrem Auftritt aus der Garderobe und der Kantine zu rufen. Einmal rief er einen Schauspieler so spät, dass sich der hetzen musste. Im Vorbeigehen fauchte er den alten Mann an: „Was rufst mich denn so spät? I gib dir glei a Watschn!" Der alte Mann schrieb in sein Dienstbuch: „Herr Sowieso hat mich mit einer Ohrfeige bedroht." Der damalige Direktor Franz Stoß lud den Schauspieler zu sich und wies ihn zurecht: „Wie können Sie denn den alten Herrn bedrohen? Sie werden sich entschuldigen!" Bei seinem nächsten Auftritt zischte er dem Inspizienten zu: „Was schreibst denn des in dei Dienstbüchl? I gib dir glei no a Watschn!" Daraufhin schrieb der alte Mann: „Hat sich entschuldigt!"

FALSCHE SCHLÜPFER UND LUMPIGE SAMMLUNGEN

Nur wenige Protagonisten sind so originell wie Karl Heinrich Waggerl oder Otto Schenk. Also müssen die Texte wenigstens erheiternd sein. Apropos Waggerl: Einmal in der Steiermark zeigte der Bus-Chauffeur auf ein Gehöft und meinte, mit Stolz in der Stimme: „... und das da drüben ist Waldeggers Rossheimat!"

Immer wieder gerne gelesen wird die Geschichte der vertauschten Geschenke. Handschuhe für die Freundin, die es noch nicht lange gibt, und Schlüpfer für die Schwester. Durch eine Verwechslung beim Einpacken bekommt die Freundin die Schlüpfer, dazu eine Karte: „Gerne wäre ich dabei, wenn du sie zum ersten Mal anlegst ... Man kann sie auch waschen ... Die Menschen haben ja oft schmutzige Finger ..." In der Tonart geht es weiter. Ein Hit ist auch die Geschichte von der Weihnachtsbeleuchtung: Eine alte Frau stellt, im Andenken an ihren Mann, eine Kerze ins Fenster. Der Nachbar will sie mit drei Kerzen überbieten. Dann kommen schon die ersten Lichterketten und Scheinwerfer. Es wird so hell, dass die Vogelwelt verwirrt mit dem Nestbau beginnt. In der Hauptstraße landet irrtümlich eine Boeing 747, und japanische Touristen irren durch die Ortschaft. Zum Schluss gibt es wegen Überlastung im Umspannwerk einen Blackout.

Meine Lieblingsgeschichte ist allerdings die mit der alten Frau, die einen Brief an den lieben Gott schreibt. Findet man, auch in gereimter Form, im weltweiten Netz: „Lieber Gott ... Da ich nur eine kleine Rente habe, wende ich mich an dich. Bitte schick mir 200 Euro, damit ich für mich und meine Katzen zu Weihnachten Geschenke und ein schönes Essen vorbereiten kann." Der Briefträger bringt es nicht übers Herz, den Brief mit der Adresse „An den lieben Gott" wegzuwerfen und nimmt ihn mit nach Hause. Dort sieht ihn seine Frau, die im Finanzamt arbeitet, und ist gerührt über so viel Gottvertrauen. Sie sammelt unter ihren Kollegen im Amt. Allerdings kommen nur einhundert Euro zusammen. Den Hunderter schickt sie der Frau, die prompt einen Dankesbrief schreibt: „Danke für das Geld, lieber Gott. Aber bitte schick es mir das nächste Mal nicht übers Finanzamt. Die Lumpen haben sich gleich die Hälfte behalten ..."

ROCK 'N' ROLL FOR EVER!

„Der Neid könnte einen fressen ...", ging mir zeitweise durch den Kopf, als ich den mittlerweile 80-jährigen Peter Kraus in der ausverkauften Wiener Stadthalle über die Bühne tänzeln sah. Der Peter hat seine Show in allen Details selbst kreiert. Das sieht so gut aus, dass selbst „Volks-Rock'n'Roller" Andreas Gabalier nach seinem Besuch der Show in Graz zum Peter gesagt hat: „Das ist halt die gute alte Schule." Diese Meinung unterschreibe ich voll und ganz.

Peter Kraus erzählt, mit der Unterstützung seiner ausgezeichneten Musiker, seine Geschichte und damit aber auch die Geschichte der populären Unterhaltungsmusik seit dem „Rock'n'Roll". Wie bei mir, so begann auch bei ihm die Begeisterung für den Rock mit Bill Haley, Elvis Presley, Fats Domino, Chuck Berry, Jerry Lee Lewis ... und den vielen anderen der ersten Welle. Dann kamen immer wieder neue Modetänze mit neuen Hits, neuen Rhythmen, nicht unbedingt neuen Harmonien, aber neuen Namen. Mit Harry Belafonte der „Calypso". Mit Chubby Checker der „Twist". Es gab den „Madison", den „Loco-Motion" (zunächst 1962 bekannt durch Little Eva und später von Kylie Minogue gecovert). Keinesfalls vergessen darf man die Zeit des „Soul" (Ende der 50er) mit Aretha Franklin, James Brown, Sam & Dave und, und, und ...

Manche davon, zum Beispiel der „Banana Boat Song" (1956), schafften es in den Olymp der Evergreens. Jedes Mal, auch zu Zeiten der großen Erfolge der Beatles, hieß es: „Der „Rock'n'Roll" ist tot. Peter Kraus erzählt in seiner fabelhaften Show: „Selbst Elvis Presley floh in die sanftmütigen, romantischen Balladen.

Und ich auch mit ‚Wenn Teenager träumen' …" Aber der „Rock'n' Roll" überlebte jede Modewelle, jeden neuen Tanz, jeden neuen Sound und lebt immer noch. Vielleicht (meine laienhafte Theorie) weil der Rhythmus sehr schnell in die Beine geht und man die drei, vier Harmonien, aus denen die Titel gezimmert sind, leicht nachfühlen kann.

Auf eigenen Wunsch hatte ich im Konzert einen Stehplatz, weil ich mich nach drei oder vier Musiktiteln in den Backstage-Bereich auf einen Kaffee zurückziehen wollte. Doch die „Peter Kraus Show" faszinierte mich bis zum Schluss. Erst im Auto bei der Fahrt nach Hause spürte ich meinen schmerzenden Rücken. Empfehlung von mir: Den Peter sollte man sich, bei seiner (mittlerweile fünften) Abschiedstournee, unbedingt ansehen. Weitere werden wohl folgen. Ein schmerzender Rücken und (vom Klatschen) brennende Handflächen lohnen sich!

Robert Sommer

KOPFNUSS FÜR DEN NIKOLAUS

(MASKEN SIND OUT – VOR DER CORONA-KRISE)

In der Alpenrepublik haben religiöse Fanatiker nichts zu lachen: Nachdem das im Volksmund als Burka-Gesetz bekannte Verhüllungsverbot in Kraft getreten war, wurden tatsächlich drei aufmüpfige Clowns bestraft - weil man ihre Gesichtszüge nicht zur Gänze erkennen konnte.

Das macht mir große private Sorgen: Denn wenn ich mit Freunden um die Häuser ziehe, bin ich am nächsten Tag kaum wiederzuerkennen. Fällt ein Kater auch unter Vollverschleierung?

Ziel dieser juristischen Bestimmung ist die „Förderung von Integration durch die Stärkung der Teilnahme an der Gesellschaft" - da sehe ich nicht nur auf mich, sondern auch auf viele Mitbewohner schwere Zeiten zukommen: Wer sich etwa im Fasching als Außerirdischer verkleidet, wird prompt ins All abgeschoben - spätestens seit der Fernsehserie „Raumschiff Enterprise" sollte jeder wissen, dass sich die widerspenstigen „Romulaner" niemals der menschlichen Leitkultur anpassen. Prinzessinnen haben es leichter, ihre Personalien können relativ bürokratiefrei in der Ahnengalerie des Schlosses Schönbrunn überprüft werden. Piraten müssen hingegen in die Karibik zurück, wo sie hingehören.

Tobende Perchten und ihre Spießgesellen, die gefährlichen Krampus-Banden, fallen ohnehin unter das Antiterrorismus-Gesetz, und ihre durchtriebenen Verbündeten, die bärtigen Nikoläuse, kriegen von den Amtsträgern eine Kopfnuss verpasst. Für die Kinder bleibt da nur noch ein schaler Nachgeschmack übrig. Ihre Eltern sollten darauf achten, dass der Esel im weihnachtlichen Krippenspiel tatsächlich ein liebes Vieh ist und kein maskierter Mitbürger auf allen vieren - was allerdings durch stetes Ziehen an den langen Ohren unter Aufsicht eines gerichtlich beeideten Veterinärmediziners feststellbar wäre.

Weniger schwarz sehe ich für seinen animalischen Kumpel in Violett: Das Austria-Maskottchen „Super Leo" errang ja in Fußballkreisen eine gewisse Berühmtheit, weil es restlos blau auf dem Spielfeld herumgetorkelt war – der voll verkleidete Löwe bekommt seine Schubhaft im Zoo also gar nicht mit. So ist die „Lex Clown" sogar menschlich!

Wir Österreicher müssen also die Hüllen fallen lassen, niemand darf eine Maske tragen, jeder soll sein wahres Gesicht zeigen. Ich frage mich: Warum haben gerade Politiker solch ein Gesetz beschlossen?

(Weil sie nicht wussten, dass ein Virus Jahre später alles auf den Kopf stellen würde!)

VERRÜCKT NACH WEIHNACHTEN

Ich bin verrückt nach Weihnachten: Schon als Kind empfand ich die stressbedingten Nervenzusammenbrüche meiner Mutter am Heiligen Abend als Geschenk, weil ich somit meine Ärzte-Utensilien, die regelmäßig unter dem Christbaum lagen, testen konnte. Wobei mein Lieblingsinstrument, die lange Injektionsnadel, eher Furcht und Schrecken bei all unseren Verwandten verbreitete.

Ein Stich ins Herz meiner Eltern ist allerdings, dass sich ihr größter Wunsch nie erfüllen sollte und ich kein erfolgreicher Mediziner bin, sondern ein beruflicher Nichtstuer: also Journalist und Schriftsteller. Sie haben im Himmel wenig Grund zum Feiern.

Ich hingegen fühle mich auf Erden pudelwohl – denn meine Zwangsneurose, ausgelöst durch die pubertäre Advent-Hektik, hat sich längst in erwachsene Vorfreude auf das Fest der Liebe verwandelt: Ich habe mich selbst geheilt, indem ich mich nur noch auf das Wesentliche konzentriere. Dabei sind die unzähligen Punschstände durchaus hilfreich. Das picksüße Weihwasser, das dort für einen guten Zweck verkauft wird, wirkt beruhigend auf mich: Ich bekomme, selig vor Glück, das Zucken des rechten Auges meiner Lebensgefährtin, dem untrüglichen Vorboten eines Kollapses des Nervensystems, nicht mehr richtig mit.

An mir prallt die Unruhe dieser Wochen völlig ab: Meine besten Freunde haben zwar keine Zeit, weil sie sich auf der rastlosen Schnäppchenjagd nach Präsenten aller Art für größtenteils unbekannte Familienmitglieder befinden, aber das macht nichts – Vereinsamung ist ein Teil der Weihnachtsfreude. Auch meine liebsten Kollegen der schreibenden Zunft lassen mich im Stich, weil sie zahlreiche Firmenfeiern besuchen, deren Gäste sie nicht ausstehen können. Und sogar mein Kater will nicht mit mir spielen, weil im Fernsehen die Wiederholungen der besinnlichen „Garfield"-Filme laufen – ich bin meist mutterseelenallein ohne Maria und Schafe in der leeren Krippe. Doch es geht mir gut dabei, vor allem, weil meine Partnerin einmal kurz Zeit für mich hatte: Wir trafen uns vor ihrem dreistündigen Friseur-Termin (Schließlich geht's bei Christi Geburt um die Haarpracht der Frauen) und dem Supermarkt-Besuch (der Hunger auf der Welt muss bekämpft werden) in der Innenstadt. Natürlich an einem Punschstand. „Hast du schon alle Geschenke besorgt?", fragte sie gehetzt, um nach einem Schluck gleich weiterzueilen. Aus der Ferne hörte ich noch ihre Worte: „Und was wünschst du dir eigentlich?"

Das weiß ich doch schon lange: ein Ärzte-Set mit laaaangen Nadeln. Ich bin eben verrückt nach Weihnachten. Und völlig geheilt.

ICH RETTE DEN JOB VON JAMES BOND

Es ist ein Paradoxon des modernen Lebens: Eine überwältigende Mehrheit der Bürger demokratischer Staaten fürchtet geradezu panisch das Abhören durch eigene oder ausländische Nachrichtendienste, postet aber im selben Atemzug alle seine Geheimnisse in den sozialen Medien. Da liest man etwa auf Facebook, dass Henry in London, der seine besten Jahre schon hinter sich haben dürfte, beim Pipi-Machen am Morgen gewisse Probleme hätte, bestaunt auf Instagram das Foto von Heikos heißer Partnerin in Berlin und wundert sich auf TikTok über die politischen Ansichten eines alten Schulfreunds aus der Leopoldstadt – komisch, beim Heurigen hat er nie von seiner seltsamen Einstellung erzählt.

Was um alles in der Welt sollen NSA, FSB, BND, MI6 oder wie die Kürzel in der James-Bond-Sprache heißen, überhaupt noch ausspionieren? Der legendäre „007" hat einst sein Leben riskieren müssen, um zu erfahren, dass Dr. No westliche Forschungsraketen im All abschießen möchte. Heute würde der Schurke schon vorher alles ins Internet stellen – Donald Trump tut es ja auch auf Twitter, wenn er nicht gerade gesperrt ist! „Meiner ist größer als deiner", provozierte er einst seinen nordkoreanischen Atom-Amigo Kim Jong-un. Früher hätten fremde Geheimdienste für die Entschlüsselung dieses Codes Monate gebraucht, jetzt genügt dazu der Tweet eines US-Präsidenten: Er meinte ganz eindeutig nicht das Ding, das Henry so viele Sorgen bereitet, sondern den roten Knopf der amerikanischen Nuklearwaffen.

Ich selbst habe mich entschlossen, durch international beachtete Fake News für Verwirrung in Agentenkreisen zu sorgen. Ich verbreite zum Beispiel auf Facebook Bilder von einem herrlichen Sonnenuntergang auf Hawaii, während ich versteckt daheim im verregneten Wien sitze; oder von First-Class-Flugtickets in Richtung Karibik, wo ich mich doch gerade in der U-Bahn-Station Schwedenplatz in einen vollgepferchten Wagen

Richtung Oberlaa zwänge; oder von edlen Schampus-Flaschen, die in der nicht gerade überschäumenden Realität bloß billige Bierdosen sind. Da haben die Nachrichtendienste einiges zu tun, um diese Rätsel zu lösen!

Mir übelgesinnte Leser könnten annehmen, dass ich mit solchen Aktivitäten bloß den Neid meiner Landsleute erregen möchte. Aber so etwas macht doch ein anständiger Österreicher nicht: In Wahrheit will ich damit nur den Arbeitsplatz von James Bond retten!

Daher gebe ich jetzt auch am Würstelstand meinen Senf dazu und poste ein Foto von einem sauteuren, trockenen Wodka Martini. Ganz scharf natürlich, damit jeder erkennen kann: Er ist geschüttelt, nicht gerührt!

NEHMT ALADDIN DIE WUNDERLAMPE WEG!

Die schwedischen Regierungsmitglieder dürften ihren Eid nicht auf die Bibel, sondern auf die Bücher von Ephraim Kishon abgelegt haben. „Auch die absurdeste Satire ist nur dann komisch, wenn hinter der Absurdität die ungroteske Realität zu spüren ist", hatte der große israelische Humorist einmal geschrieben.

Daher wundert es mich auch nicht, dass von allen tagespolitischen Geschichten, die ich bei meinen zahlreichen Lesungen und Vorträgen zum Besten gebe, eine Anekdote aus diesem skandinavischen Land immer wieder für die lautesten Lacher sorgt: Im hohen Norden wurde nämlich allen Ernstes ein tiefgreifendes Gesetz beschlossen, wonach Männer Frauen vor dem Sex offiziell um Erlaubnis fragen müssen. Das geht übrigens auch mündlich, was nicht einer gewissen Pikanterie entbehrt.

Eine Anfrage meinerseits an den Pressesprecher des Verkehrsministers, ob sein Chef persönlich die Überwachung des neuen Paragrafen übernehmen würde, blieb freilich unbeantwortet. Aber wer sonst sollte dafür zuständig sein? Carl Gustaf fällt wohl eher aus, denn der König höchstpersönlich ist der lebende Beweis dafür, dass man gerade in solchen Momenten nicht unbedingt an juristische Bestimmungen denkt. „Der Monarch steht ziemlich unter Druck", hatte nämlich das entschuldigende Statement des Palasts gelautet, als vor Jahren seine außereheliche Beziehung mit der Sängerin Camilla Henemark ruchbar geworden war.

Auch im Bürokratie-verliebten Österreich ist ein derartiges Gesetz durchaus denkbar, es könnte sogar im wahrsten Sinne des Wortes verschärft werden: Bei uns müssten zuvor die genauen Vorstellungen der beiden Vertragspartner exakt formuliert werden, bis hin zur Dauer des gesamten Akts und der Möglichkeit einer Verlängerung. Verstöße dagegen hätten natürlich ein Nachspiel, bei mehreren Teilnehmern käme es zu Sammelklagen.

Überhaupt benötigen wir weltweit viel mehr Regeln und Verbote, damit es in unseren ohnehin schon so komplizierten Beziehungen der Geschlechter zu weniger Missverständnissen kommt: Diffamierende Speisen wie Hühnerbrust gehören von den Menüplänen verbannt, der freche Aladdin darf nicht mehr an seiner Wunderlampe rubbeln und der schiefe Turm von Pisa muss auf seinen geraden Weg zurück – der wäre nämlich einer tatsächlichen Beschwerde des dortigen Bürgermeisters zufolge zum unerträglichen Phallussymbol geworden. Anscheinend hatte das antike Bauwerk vergessen, um Erlaubnis zu fragen, bevor es nicht mehr konnte und gekippt ist.

Auch sexuelles Versagen muss zuvor natürlich vertraglich paktiert werden.

MEINE BÜCHER GIBT'S JETZT IM EROTIK-SHOP

Nach einer neuen Umfrage werden angeblich nur zehn Prozent der verkauften Bücher tatsächlich gelesen – was für mich als Schriftsteller zwei Fragen aufwirft:

1. Wozu schreibe ich überhaupt? Das ist leicht zu beantworten: Selbstbefriedigung. Mir genügt's, wenn ich weiß, dass ich gut bin. Bräuchte ich Zuschauer, wäre ich ja ein Exhibitionist. (Für einen Satiriker kommt noch dazu: Die Vorstellung, dass Frauen im Bett – wenn auch nur beim Lesen meiner Geschichten – über mich lachen, wäre unerträglich.)

2. Warum werfen 90 Prozent Nichtleser ihr Geld beim Fenster hinaus?

Dafür könnte es mehrere Gründe geben: In Buchhandlungen ist es im Winter schön warm und im Sommer meist angenehm kühl. Das rechtfertigt allerdings nicht den Erwerb dieser für das Gros der Kunden anscheinend nutzlosen Utensilien, man könnte ja einfach seine Zelte zwischen den Regalen aufschlagen und dort picknicken. Das kostet im Normalfall nichts.

Trotzdem werden derart viele Bücher gekauft, obwohl heutzutage auch Pfefferspray oder Tränengas angeboten werden, um mögliche Angreifer auf der Straße unschädlich zu machen: Man muss also einem Kriminellen nicht unbedingt „Die letzten Tage der Menschheit" von Karl Kraus an den Schädel knallen, damit er bewusstlos wird. Und seitdem es verstellbare Tischbeine gibt, braucht es auch keinen Handke oder keine Jelinek mehr zum Drunterstellen, damit die Mittagstafel zu Hause nicht wackelt.

Bleibt eigentlich nur noch Prostitution als Motiv. Also die Zurschaustellung der eigenen Reize. Wer in der U-Bahn auf sein Smartphone starrt und geistlos hineintippt, wird höchstens als Durchschnittstyp wahrgenommen, der beim anderen Geschlecht kaum auffällt. Er oder sie ist quasi Teil der sexuellen Wegwerfgesellschaft. Mit einem Dostojewski in der Hand, mit einem Heine oder Bernhard, wohlgemerkt nicht verkehrt haltend, noch dazu den Kopf immer wieder ein wenig von links nach rechts drehend und wieder zurück, also insgesamt den Schein erweckend, die Zeilen aufmerksam zu verfolgen, gilt man hingegen in der digitalen Welt der Moderne bereits als Genie. Die Blicke sind auf ihn oder sie gerichtet: Früher hat ein durchtrainierter Herr im ärmellosen Leiberl seinen muskulösen Oberarm angespannt oder eine attraktive Dame im Minirock ihre langen Beine lasziv übereinandergeschlagen, heute blättert man um. Das bewegt.

Das Buch ist zum Erotikartikel geworden: Wer Lesen vortäuscht, ist richtig geil. Ich werde mein nächstes Werk daher im einschlägigen Fachhandel zwischen Handschellen, Dessous und Kondomen anbieten. Und lachen Sie, bitte, nicht darüber – vor allem nicht, wenn sie eine Frau sind!

Sie wissen schon: Das wäre für mich unerträglich.

EIN JUNGBRUNNEN ALS GEBURTSTAGSGESCHENK

Während Fußball-Weltmeisterschaften oder Olympischer Spiele erinnern sich wieder viele Landsleute an meine berufliche Vergangenheit und ich werde oft gefragt: „Warum willst du eigentlich kein Sportjournalist mehr sein?“ Die Antwort ist recht simpel: Dieser Job lässt einen ziemlich alt aussehen.

Hatte ich am Beginn meiner Laufbahn in den frühen 80er Jahren noch mit Gleichaltrigen zu tun gehabt, so waren es bei meinen letzten Olympischen Sommerspielen 2016 bereits Kinder für mich: Während eines Interviews mit einer österreichischen Teilnehmerin in Rio fühlte ich mich wie ein Opa, der die Welt seiner Enkel einfach nicht mehr versteht. Am Ende meinte das höfliche Mädchen auch noch: „Aufpassen, immer schön gesund bleiben!“ In diesem Moment beschloss ich, Schriftsteller zu werden – die sind schon seit der Geburt in Würde ergraut und leiden daher nicht unter solchen Verfallserscheinungen.

Als Sportreporter berichtet man hingegen sein ganzes Leben lang über junge Menschen wie Skirennfahrer, Tennisspieler oder Fußballer, die immer wieder durch eine nachrückende Generation ersetzt werden. Nur du selbst bleibst stets der Alte, bis du es tatsächlich bist. Ich hätte ja schon stutzig werden sollen, als mich Bayern-Star David Alaba vor ein paar Jahren bei einer Gala angegrinst hatte: „Soll i dir a Bier hol'n, Oida?" Aber damals war ich noch stolz gewesen, dass mich ein Champions-League-Sieger hätte bedienen wollen ...

Jetzt weiß ich allerdings: Er hatte bloß Mitleid gehabt. Und dem kann man nicht entfliehen: Ich werde bald einen teuflisch runden Geburtstag feiern! Das ist kein Honiglecken für einen, der so gerne umschwärmt wird.

Die Stiche ins Herz häufen sich in letzter Zeit, auch wenn nicht mehr so viele blutjunge Sportler in meiner Nähe sind! Als ich eine Dose mit aufputschenden Propolis-Pillen kaufen wollte, also ein Produkt heimischer Bienenzucht, fragte mich die Apothekerin allen Ernstes: „Da haben wir mehrere Angebote: Wollen Sie 50 plus oder 60 plus?" Daraufhin sackte ich auf 70 minus zusammen! Außerdem wurden mir an einem einzigen Tag sowohl in der Straßen- als auch in der U-Bahn von netten Mitfahrern Sitzplätze angeboten – seitdem meide ich sämtliche öffentliche Verkehrsmittel wie Dracula das Licht, um mir bissige Kommentare über solche Gutmenschen zu verkneifen.

Zum Glück hat die Chefin unseres echomedia-Buchverlags meiner Lethargie zumindest ein vorläufiges Ende bereitet. „Ich habe da einen Termin für eine Lesung aus deinem neuen Buch", schlug Ilse Helmreich strahlend vor, „und zwar in einem Pensionistenheim." Ich gebe zu, dass ich zuerst etwas ablehnend reagierte. Aber mittlerweile freue ich mich sehr darüber: Wann bekommt man schon einen Jungbrunnen zum Geburtstag geschenkt?

ROBERT, DER „LATIN LOVER"

Mein größter Feind ist der Sommer – aber das ist nicht persönlich gemeint: Ich liebe ja diese heißen Karibik-Nächte am Donaukanal und in den Schanigärten meiner Wiener Stammwirte oder draußen im burgenländischen Zweitwohnsitz Nickelsdorf, wo ich mich immer mehr zu Hause fühle. Die wohlige Wärme tut meiner Seele gut. Nur der Körper, in dem sie wohnt, strahlt nicht mehr in der gewünschten Form.

Kurz gesagt: Robert hat keine ausgesprochene Sommer-Figur.

Im Winter komme ich noch ganz gut rüber, weil man in der kalten Jahreszeit bekanntlich ein paar ästhetische Schwächen mit dicken Jacken kaschieren kann – „Promille-Doktor" ist ja nicht nur der Titel eines meiner Bücher, sondern auch mein Hobby: Ich studiere tatsächlich gerne diverse Wein- und Biersorten, und das Resultat dieser konsequenten Forschungsarbeit macht sich halt beim Tragen einer Badehose langsam bemerkbar. Ich hätte ein Bäuchlein bekommen, formulieren es mir Wohlgesinnte. Es gibt dafür aber auch andere Bezeichnungen.

Dazu kommt die genetische Tragödie, dass meine Haut äußerst hell ist und schon nach zehn Minuten in der Sonne errötet. Das wirkt nicht wirklich sexy. Spaziere ich lässig durch unsere Stadt, steigen alle Autofahrer in der Nähe erschrocken auf die Bremse, weil sie annehmen, eine Ampel würde ein Haltesignal ausstrahlen. Mein Haupt leuchtet derart, dass verwöhnte Kinder hysterisch zu schreien beginnen, weil sie diesen „Ballon" unbedingt haben wollen. Einer ihrer Väter hat mich einmal spöttisch gefragt: „Geht Ihnen bis zum Abend nicht die Luft aus?" Dann kaufte er mich seinem kreischenden Sohn um 3,50 Euro. Aber nicht nur mein Kopf, auch meine Arme und Beine gleichen in diesen Monaten den Greifern eines Oktopus – eines auf Holzkohle gegrillten, wohlgemerkt.

Als „Latin Lover", der ich so gerne wäre, gehe ich also beim besten Willen nicht durch. Eher als Lachnummer. Daher versuchte ich Ende Juni in meiner Verzweiflung, das knallige Rot mithilfe eines Ultra-Selbstbräuners umzufärben. Ein bisschen spanisch oder italienisch im Look könnte ja nicht schaden. Doch dieses Experiment scheiterte kläglich: Seitdem sehe ich fast so schräg aus wie „das Ding“, das in dem Comic-Streifen „Die fantastischen Vier“ nach einer Metamorphose unter seiner auffällig steinernen Lederstrumpf-Haut leidet.

Diese Figur gewöhnt sich aber an ihr seltsames Äußeres und bringt daraufhin sämtliche Bösewichte zur Strecke. Meine letzte Hoffnung ist hingegen die Erderwärmung: Wenn's im Februar auch noch heiß ist, muss ich zumindest kein Faschingskostüm kaufen.

Dann lasse ich mir „den Sommer“ patentieren.

WER VON IHNEN IST EIN SOMMERFERIEN-SINGLE?

Liebe Leserin, lieber Leser: Sind Sie vielleicht ein frischer Single? Statistisch gesehen gehen ja die meisten Beziehungen in den Sommerferien in die Brüche! Während zu Weihnachten kleine Geschenke oder zumindest der bewusstseinsverändernde Einfluss von Glühwein und Punsch langjährige Ehen retten können, wird die Stimmung in den heißen Monaten oft recht frostig.

Je länger ein Mann und eine Frau ihre Zeit miteinander verbringen, ob im Hotel oder daheim, desto klarer wird: Bei aller Liebe, aber wir sind grundverschiedene Lebewesen mit komplett anderen Vorstellungen vom Glücklichsein! Das begann schon im Himmel, als Eva ihren Adam mit einem Apfel zu einem gesünderen Lebenswandel bewegen wollte. Die Engel, die am Abend auf Besuch kamen, sollten nämlich sehen, wie perfekt das Leben des Vorzeige-Paares wäre.

Dieses Verhalten hat sich bis heute nicht verändert.

Er trinkt im Garten sitzend noch ein Gläschen. Sie denkt die ganze Zeit daran: Wann kann ich es endlich abwaschen? Morgen kommen schließlich Gäste.

Er lässt die Jogginghose lässig im Wohnzimmer hängen. Sie räumt sie verärgert weg. Morgen kommen Gäste.

Er steht in der Früh ausgeruht auf und verlässt das Bett so, wie er darin geschlafen hat. Sie richtet es murrend her, bis man nicht einmal mehr den Hauch einer Falte erkennen kann. Heute kommen Gäste.

Er sitzt vor dem Fernseher. Sie verbringt den Tag bis zum Abend in der Küche. Richtig: Heute kommen ja Gäste.

Er begrüßt seine männlichen Freunde, trennt diese sofort von der Herde und öffnet die erste Flasche Rotwein. Sie schimpft, weil sie fürchtet, er könnte sich wieder einmal betrinken. Heute sind doch Gäste da.

Die regelmäßige Abfolge solcher Ereignisse führt zu der empirischen Erkenntnis: Einladungen sind der wahre Grund für die Vertreibung aus dem Paradies. Der weibliche Perfektionswahn, das Heim und alle seine Bewohner in größtmöglichem Glanz zu präsentieren, steht im diametralen Gegensatz zur männlichen Wurschtigkeit, ob irgendwo noch die Boxershorts herumliegen oder die eigene Promille-Grenze bis zur Peinlichkeit überschritten wird.

Er weiß nämlich ganz genau: Einen Videobeweis gibt es ja nur in Fußballstadien, aber nicht im eigenen Haus. Und das ist ziemlich gut. Für ihn.

10.000 SCHRITTE – ODER DAS HERZ ZERPLATZT!

Mein gesellschaftliches Leben hat sich einigermaßen verändert, seitdem ich eine „Sport-App“ auf das Smartphone heruntergeladen habe: Das strenge Computerprogramm versklavt mich dazu, im Sinne der Gesundheit pro Tag zumindest 10.000 Schritte zurückzulegen! Das ist nicht leicht für einen Ex-Läufer, Ex-Kicker, Ex-Skifahrer und Ex-Ehemann, den von der großen Zehe aufwärts so ziemlich alles schmerzt, was man Körper nennt.

Um das schlechte Gewissen zu aktivieren, hat sich das kleine weiße Kastl auf dem Handy-Bildschirm einiges einfallen lassen: Liege ich unter dem vorgegebenen Schnitt, also fast immer, dann pulsiert das rote Herzchen, das eigentlich als nettes Schmuckbild dienen soll, derart heftig, dass es zu zerplatzen droht. Stündlich wird mein nahes Ende signalisiert. Diese Ereignisse steigern sich dramatisch, um 23 Uhr erreicht das geplagte Organ wegen meines athletischen Versagens bereits einen geschätzten Pulsschlag von 300. Bis es um Mitternacht endgültig den Geist aufgibt – dazu lässt die App symbolträchtig Töne der Filmmusik von Ennio Morricones Edelwestern „Spiel mir das Lied vom Tod“ erklingen. Diese Demütigung ist wie ein Schuss ins eigene Knie.

Um solche Szenen zu umgehen, versuchte ich eine Zeitlang mit allen Mitteln, 10.000 Schritte zu erreichen. Im Normalfall kam ich auf knapp 2.000, und da war, ehrlich gesagt, die gefahrene Strecke zum Supermarkt schon eingerechnet: Mit ein paar wuchtigen Tritten aufs Gaspedal kann man nämlich die moderne Technik auf simple Weise überlisten und sitzend ein paar „Extra-Punkte“ einheimsen.

Doch das war viel zu wenig: Daher trampelte ich beim Schreiben meiner satirischen Bücher unentwegt auf den Parkettboden, was mir die Missgunst der Hausbewohner im Stockwerk unter mir bescherte; ich saß im Gasthaus nicht mehr am Stammtisch, sondern umkreiste ihn laufend – meine schwindligen Freunde konnten und wollten mich daraufhin nicht mehr sehen;

außerdem belegte ich als absolutes Rhythmus-Antitalent drei Tanzkurse. Man muss eben Meter sammeln, wo es nur geht – und sei es auf den Füßen der Partnerin beim Boogie-Woogie.

So richtig zugespitzt hat sich die Lage allerdings beim Zahnarzt: Gerade als die schmerzhafte Wurzelspitze freigelegt wurde, erhielt ich von meiner App die Info, dass mein Leben an einem seidenen Faden hinge. Was also tun? Herz oder Zahn? Ich entschied mich prompt für mein Ausdauertraining, sprang auf, riss alle Geräte samt dem Doktor mit, dessen zarte Finger in meinem Gaumen eingeklemmt waren, und lief auf die Straße. Ich schaffte aber gerade mal 3.100 Schritte, bis ich vor Schmerzen zusammenbrach und ins Spital eingeliefert wurde.

Dort vernahmen andere Patienten um Mitternacht plötzlich bekannte Töne von Ennio Morricone.

COFFEE TOGO KOMMT MIR AFRIKANISCH VOR

Obwohl mir weder Melange noch Einspänner oder ähnliche Getränke schmecken, versuchte ich im neuen, überaus sympathisch wirkenden Lokal ums Eck mein Glück: „Coffee ToGo" könnte ja meine diesbezüglichen Gaumenfreuden wecken. Zumal ja der afrikanische Kontinent für seine Kaffeebohnen weltbekannt ist. Und der Staat Togo liegt ja in diesem Erdteil, oder etwa nicht?

Doch schon beim Bestellen taten sich sprachliche Barrieren ungeahnter Art auf. Wo denn meine Membership-Rewards-Extra-Supercard wäre, fragte eine freundliche Dame, denn heute wäre der Six-Star-Day. Mit bereits erworbenen fünf Sternen, die ein Mann von Welt wie ich sicher schon gesammelt hätte, würde man einen halben Triple-Muffin dazubekommen und der Aufstieg in den Blue Level wäre somit garantiert. Damit würden sogar meine Verwandten ersten Grades gegen Vorlage ihrer Special Green-Card in dieser Filiale den ganzen Dezember lang Sirup ohne Aufpreis erhalten.

„Nein, nein“, antwortete ich verlegen. „Ich will nur einen Kaffee mit etwas Milch.“ Das ginge nicht. Sie könnte mir aber einen Frappomanga Blended Supericed empfehlen, da wäre immerhin etwas Koffein enthalten, den geschickte Kunden aus dem gepressten Vanilleeis leicht herausschlecken würden. Ich müsste mich allerdings durch die Crème d'Ivoire mit den knusprigen Java-Chips durchnagen, das könnte schon etwas dauern. Falls ich aber mit meinem Kauf sofort den begehrten Silver Level dieser Company erreichen wollte, würde ich mit einem Sacaramanga Golden Shut Extraboiled den Vogel abschießen. Denn in diesem Fall brächte mir mein Status sogar noch eine Cocktailkirsche kostenlos obendrauf.

„Ich möchte doch nur ganz simpel die Spezialität des Hauses ausprobieren“, stammelte ich verzweifelt. „Coffee ToGo.“

„Ach so!“, erwiderte die hilfsbereite Mitarbeiterin. „Warum haben Sie das nicht gleich gesagt? Sie möchten ihn mitnehmen!“ Das wäre nun wirklich kein Problem. „Welche Bechergröße wünschen Sie denn? Small? Medium? Large? XXX-Large? Oder gar den Turbo? Dafür wäre allerdings ein weiterer Träger notwendig.“ Außerdem gäbe es verschiedene Formen: Wenn ich nun endlich meine Membership-Reward-Card vorweisen würde, könnte Sie mir den brandneuen I-Am-Part-Of-The-Big-Family-Cup überreichen. Gratis natürlich, denn heute wäre wahrlich mein Glückstag. „Wenn Sie jetzt noch einen Frappomoonlight Extra Sweet And Caramelized bestellen, schenke ich Ihnen einen ganzen Stern dazu. Sie gelten dann als Botschafter unserer Firma und sind ab sofort berechtigt, anderen Gästen über die vielschichtigen Produkte Auskunft zu erteilen. Wenn Sie nur drei neue Kunden anwerben, erreichen Sie bereits den nächsten Level. Na, was sagen Sie dazu?“

Ich ging. Und zwar rasch. Seitdem weiß ich, was mit „Coffee ToGo“ wirklich gemeint ist.

MEIN GEFAKTES LEBEN

Verschwörungstheorien gehören zu den grässlichsten Epidemien, die in den sozialen Medien verbreitet werden. Vor kurzem musste ich auf Facebook enttäuscht erfahren, dass sogar Cordoba aus einer Sammlung von Fake News besteht, durch die uns der gefinkelte Nachrichtendienst ÖFB seit drei Jahrzehnten in einen nie endenden Siegesrausch versetzen möchte: Der angebliche 3:2-Sieg gegen Deutschland bei der WM 1978 in Argentinien wäre – wie die Mondlandung der Amis in Hollywood – tatsächlich in den Wiener Interspot-Studios gedreht worden, und Hans Krankl sei überhaupt kein Fußballgott, sondern bloß ein drittklassiger Schauspieler.

Seither bin ich angesteckt und bezweifle alles: Ist Franz Klammer am Ende gar kein Kaiser? Sind die blonden Haare der Verkäuferin im nahen Supermarkt gefärbt? Ist der freundliche Trafikant ums Eck in Wahrheit ein heuchelnder Unsympathler? Und vor allem: Kann man dem Veggie-Schnitzel im veganen Markt-Restaurant trauen? Der Kellner zwinkerte beim Servieren dem Gast am Nebentisch, einem bekennenden Fleischtiger, verdächtig zu.

Anderen mag das wurscht sein, mir aber nicht: Zweifel regiert mein Leben. Eine Durchsage am Hauptbahnhof, dass der Zug in Richtung Burgenland pünktlich abfährt? Fake News! Da steige ich sicher nicht ein. Eine grüne Ampel in der Hauptstadt? Gefakt! Ich bleibe stehen und pfeife auf das Hupkonzert der anderen Autofahrer! Keine einzige Wiederholung amerikanischer Serien im Fernsehen? Ganz eindeutig: Lügenpresse! Die abgedruckten TV-Programme in den Zeitungen können nur eine Verschwörung sein! Da gehe ich lieber früh zu Bett. Wobei meine Träume ebenfalls manipuliert sein dürften: Ich schlenderte dabei einmal zufrieden durch einen grünen Wald. Mitten im heimischen Winter – also wem das nicht spanisch vorkommt! Und seit wann, bitte, bin ich glücklich?

Am meisten Sorgen bereitete mir aber meine Frau. Sie organisierte, ohne mich zu informieren, für unseren Zweitwohnsitz in Nickelsdorf Brennholz, zerhackte es selbst und stapelte es vor dem Haus. Ist sie vielleicht ein Mann? Ich muss diese Theorie gleich auf Facebook posten.

PEKINGENTE UND AFFENHITZE

Ich mag den März nicht: Er ist der einzige Monat, in dem wir Wiener nichts zu granteln haben.

Wenn ich so zurückblicke, lief eigentlich alles zur allgemeinen Zufriedenheit: Der letzte Frühling begann mit einer derartigen Hitzewelle, dass wir uns über die Erderwärmung aufregen konnten, die die überheblichen Amis partout nicht ernst nehmen. Dann begann eine ordentliche Regenzeit, über die wir fluchten, weil wir dem heimischen Fernsehen mit seinen sinnlos quakenden Wetterfröschen niemals glauben und regelmäßig den Schirm daheim gelassen haben – Schuld an dieser nassen Epoche waren natürlich die skrupellosen Chinesen mit ihrer Umweltverschmutzung. Aus Protest verzichteten meine Freunde und ich den ganzen Juni auf unsere geliebte Pekingente.

Doch es half alles nichts: Es wurde wieder heißer. Als wir ab Mitte Juli die Schanigärten bevölkerten, hatten wir nur zwei ernsthafte Themen zu besprechen: den Sommerspritzer beim Stammwirten, der plötzlich ohne Zitronenscheibe serviert wurde, und die Affenhitze. Aber waren für die hohen Temperaturen tatsächlich die an sich menschenfreundlichen Schimpansen verantwortlich, wie einer behauptete? Oder doch die aggressiven Orang-Utans? Wir hörten erst auf darüber zu streiten, als wir einen Königspudel beobachteten, der an einer Hausecke sein Geschäft verrichtete. Daraufhin meckerten wir über die gesetzlosen Tierbesitzer.

Im Herbst hielt der Föhn Einzug und mir tat der Kopf weh – zum Glück, denn über was hätte ich mich sonst ärgern sollen? Gut, es half dann ein wenig, dass der Schnee auf sich warten ließ. Schließlich kam er, und ich rutschte auf ihm aus. Der Gehweg war nämlich schlecht geräumt, ein Fauxpas, für den einerseits die Wiener Hausmeister und anderseits der ÖSV Schuld tragen: Unsere Skifahrer sind ja auch nicht mehr das, was sie einmal waren.

Wie gesagt: Es lief ganz gut. Aber jetzt haben wir diesen unvermeidbaren März: einen Monat mit den angenehmsten äußeren Bedingungen, die uns ausgeglichen, zufrieden und sogar glücklich stimmen könnten. Einfach zum Fürchten!

Ich sehne mich schon nach dem verrückten Aprilwetter.

„VINCERO" – DER VERLIERER!

Dem Wiener Staatsopern-Direktor kann man Mut nicht absprechen: Mitten im Aprilwetter, also einer traditionellen Grippewelle, gerade „Turandot" anzusetzen, ist zweifellos heldenhaft! Als ich einmal zu ähnlichen äußeren Bedingungen diesem Meisterwerk lauschen wollte, lief das ungefähr so ab:

Ich freute mich vor allem auf die weltberühmte Arie „Nessun dorma" – doch der Tenor und ich schienen die einzigen Gesunden zu sein, die gegen die Konkurrenz der Infizierten untergingen. „Niemand schlafe!" lautet ja der verheißungsvolle Beginn, also eine deutliche Aufmunterung für die Grippalen, ihren Einsatz nicht zu verpennen. Der mittelalterliche Hustinetten-Prinz neben mir verfehlte seine bronchiale Ouvertüre auch nur knapp, was er mit der verschleimten Urkraft seiner Stimme wettmachte. Das war das Signal für die Kollegen im Saal, von monotoner Teilnahmslosigkeit auf ein natürliches A-cappella-Konzept umzustellen, unter Leitung des Nebenhöhlen-Dirigats. Das „Auch du, Prinzessin, in deinem kalten Zimmer …", regte eine jüngere Dame hinter mir zu einem spastischen Schüttelanfall an, der mit einem trompetenhaften Krächz-Infekt endete. Vorne mühte sich indes der verzweifelte Künstler, seine Lautstärke zu steigern, scheiterte aber kläglich, als er das „Wir müssen sterben" mit letzter Kraft zum Besten gab. „Wir auch, wir auch", schien die

Antwort des kränkelnden Publikums zu sein, das nun zu einer kollektiven Geräusch-Attacke gegen den Mitspieler auf der Bühne ansetzte: Die Sinfonie einer Husten-Koloratur auf der linken Seite verband sich a bene placito, also nach Belieben, mit der Doppelt-Kadenz eines einstudierten Nies-Konzerts zur Rechten. Der trällernde Kalaf-Kerl in seinem komischen Kostüm war völlig chancenlos.

Als er sich dem emotionalen Höhepunkt näherte, schlug der weibliche Teil der Zuschauer pesante, mit voller Wucht, zu: Einer Elegie gleich kramten sie nach ihren Taschentüchern und befreiten die Näschen im homogenen Ton vom musikalischen Inhalt, womit auch eine mezzosoprane Stimmlage einfloss. „Vincero, ich werde siegen", schrie der Tenor nun, doch wir alle wussten: Er hatte längst verloren!

MEINE GELIEBTEN KREISVERKEHRE

Lange Zeit waren mir vom Landleben nur Kreisverkehre bekannt: Wo auch immer sich zwei Traktoren auf entlegenen Feldwegen begegnen könnten, wurde eine stinknormale Kreuzung in ein chaotisches Verkehrs-Wirrwarr verwandelt. Hauptsache, es ging rund! Dadurch wusste keiner mehr, wer Vorrang hatte, und so entstanden durch endlose Diskussionen die ersten Staus abseits der Autobahnen. Ein Großstädter wie ich, aufgewachsen im Asphaltdschungel Wiens, quittierte das seltsame System mit einem arroganten Kopfschütteln.

Mittlerweile bin ich aber ein halber Burgenländer. Na ja: fast zu drei Viertel. Prost!

Und in meiner neuen Heimat Nickelsdorf hat sich der Alltag des Autors auf dramatische Weise verändert: Die emotionale Anonymität ist nämlich völlig verloren gegangen. In der Millionen-Metropole, in die ich hineingeboren wurde, gibt es so gut wie keine zwischenmenschlichen Zufälle: Treffen mit Freunden sind schon seit Wochen paktiert, gemeinsame Abendessen von langer Hand geplant, die Tische lange im Voraus reserviert – die Zeit ist dein ständiger Begleiter. Wenn du durch die Straßen schlenderst, nimmt dich ein Passant höchstens als ehemaliger Sportjournalist wahr und beschwert sich über die Aufstellung von Rapid. Oder er erkennt dich als satirischer Schriftsteller, erzählt dir eine angeblich so humorvolle Geschichte aus seinem eigenen Leben und meint voller Stolz: „Die können Sie ruhig in einem Ihrer nächsten Bücher verwenden!“

Wenn ich hingegen durch den kleinen Ort an der ungarischen Grenze spaziere, komme ich ohne die oben erwähnten drei Viertel nicht nach Hause – dort einen Roten, hier einen Weißen, und ein G'spritzter geht auch noch: „Geh, bleib noch ein bissl, bei uns ist es grad so gemütlich!“ Hier kann es auch passieren, dass ich unter der Dusche stehe und plötzlich kommt der Nachbar mit einer Flasche Veltliner vorbei. In vino veritas – im Wein liegt eben die nackte Wahrheit.

Seitdem lache ich auch nicht mehr über die vielen Kreisverkehre. Die ersparen dir nämlich die in der Stadt so bitter benötigten Psychotherapeuten: Wenn mir wirklich einmal langweilig ist, fahre ich nämlich mit dem Auto zum nächsten Feldweg – dort triffst du sicher jemanden, ganz zufällig, mit dem du über alles reden kannst …

HEISS UND FETT

Immer öfter muss ich feststellen, dass die abgedroschenen Lebensweisheiten unserer Altvorderen gar nicht von schlechten Eltern gewesen waren – etwa die aufmunternden Worte nach einem Sturz beim Radfahren im Park, die die Schmerzen wegen des aufgeschürften Knies etwas mildern hätten sollen: „Wenn du heiratest, Bub, ist alles wieder gut." Stimmt völlig: So richtig geblutet habe ich erst nach der Scheidung!

Oder: „Nicht für die Schule, sondern für das Leben lernst du." Auch richtig: Aufgrund meines Latein-Unterrichts in den 70er Jahren konnte ich heuer in der „Taverne zum alten Gustl" in Bibione „Due birre, per favore" im halbwegs verständlichen Italienisch bestellen.

Am meisten bewirkt hat aber eine Drohung: „Wenn du nicht aufisst, wird das Wetter schlecht." Das saß richtig! Allein in Österreich tragen bereits 3,4 Millionen Menschen ihre Fettleibigkeit mit einem gewissen Stolz zur Schau, in Deutschland sind nach einer neuen Statistik 53 Prozent der Bewohner übergewichtig und in den Vereinigten Staaten benötigt man für derlei Erkenntnisse überhaupt keine wissenschaftlich fundierten Berechnungen mehr. Man schätzt einfach: Alle Amis sind dick.

Für unsere Bäuche wurden wir auch, wie versprochen, ordentlich belohnt! Weltfremde Forscher erklären zwar die steigenden Temperaturen mit der vermehrten Nutzung fossiler Brennstoffe, dem Abholzen des Regenwalds und der übertriebenen Viehzucht: Die CO_2-Konzentration in der Atmosphäre wäre dadurch heute um 40 Prozent höher als zu Beginn der Industrialisierung, was zum Klimawandel geführt hätte. In der Praxis ist aber längst bewiesen, dass unsere Eltern recht hatten: Je mehr wir essen, desto heißer wird es! Zwei Stelzen mit Pommes an einem Abend im Schweizerhaus bedeuten morgen schon ein paar Krügeln mehr im Schatten. Das haben uns Mama und Papa so eingeprägt, und wir gehorchen ihnen ein Leben lang.

„Wenn du nicht aufisst, wird das Wetter schlecht." Diese Regel gilt übrigens generationenübergreifend: Daher wunderte es mich auch nicht, dass sogar die schwedische Umwelt-Aktivistin Greta Thunberg beim Verzehr eines riesigen Fast-Food-Burgers erwischt wurde.

Bei aller Liebe zur Umwelt: Wer will schon, dass es morgen regnet?

ICH WILL DER COOLE SEIN!

Die digitale Entwicklung kommt einer Revolution gleich! Bis vor kurzem haben die meisten User ihre Fotos vor der Veröffentlichung in den sozialen Medien mit einem „Weichspüler" bearbeitet: Die Trommel der „Waschmaschine" drehte sich dabei so lange, bis keine einzige Falte mehr zu erkennen war. Aber mit der neuen „FaceApp" ist alles anders: Durch diese Trendumkehr im Schönheitsbewusstsein bekommt man ein Antlitz von sich als Greis serviert. Wobei die hinterfotzige Technik einen gravierenden Unterschied zwischen „old" im klassischen Sinn und „cool old" macht.

Gesagt, getan! Auf dem einen Bild habe ich die Gesichtszüge eines Gartenzwergs, der zur Erntezeit in einem Maisfeld lag und von einem Mähdrescher zerfurcht wurde: Mein Äußeres ist derart verrunzelt, dass Rapunzel ihr langes Haar in jeder einzelnen Kerbe verstecken hätte können. Nicht gerade zum Verlieben.

Auf dem anderen ist eine Ähnlichkeit mit Ernest Hemingway in seinen wenigen nüchternen Momenten durchaus zu erkennen:

lässiger Vollbart, stechender Blick, erotische Ausstrahlung – einfach zum Anbeißen!

Natürlich habe ich aufgrund der vorliegenden App-Aktenlage sofort eine Entscheidung getroffen, welchen Weg ich einschlagen werde: nicht den, der mich letztlich zu einem einsamen, taubenfütternden und grantelnden Pensionisten auf einer Wiener Parkbank macht; sondern den, bei dem ich an meinem Lebensabend ein gern gesehener Partygast bin, der den begeisterten Zuhörern von seinen Abenteuern erzählt. Ich möchte der mit dem Bart sein, nicht der Zerknitterte!

Seitdem hat sich mein Alltag ein wenig verändert: Ich schreibe keine satirischen Bücher mehr, Arbeit ist nur etwas für Langweiler, habe mir stattdessen eine heiße Harley gekauft und bereise mit diesem Kult-Motorrad sämtliche Kontinente unseres Planeten. An den schönsten Stränden, in den luxuriösesten Hotels und auf den exklusivsten Golfplätzen der Welt sammle ich nun die Geschichten, durch die ich der begehrte Alte werde, den man mir auf digitale Weise fest versprochen hat.

Nur eine Frage noch: Kann mir, bitte, irgendjemand sagen, ob es so etwas wie eine MoneyApp gibt? Ich brauche nämlich dringend einen Hunderter zum Tanken und bin völlig pleite. Cool, nicht?

DER GÄNSE-RETTER

Der November ist ein düsterer Monat für einen, der kein Fleisch isst: In Zeiten des kollektiven Gansl-Schmausens fühle ich mich wie ein Antialkoholiker beim Komasaufen österreichischer Teenager in Lignano.

Man wird zum belächelten Außenseiter.

Weil ich als Society-Tiger (oder in meinem Fall: Gesellschafts-Tofu-Miezekatze) keinesfalls auf Einladungen verzichten will, muss ich mich mit dem begnügen, was mir die kulinarische Mehrheit übrig lässt. Wobei sich die Zeiten deutlich verbessert haben: Vor ein paar Jahren gab es zu Martini im gemütlichen Landgasthaus höchstens das mit zu viel Zucker gekochte und daher verdorbene Rotkraut pur, das die einheimischen Kinder eigentlich an den Wirtshaushund verfüttern wollten. Mittlerweile ist man aber auf Gäste wie mich wesentlich besser vorbereitet:

Als Gruß der Küche wird in diesem Fall pflanzliche Gänsestopfleber aus Süßlupinen angeboten, ein Lebensmittel, mit dem sich 2.000 Jahre vor Christi Geburt schon die alten Ägypter ausgerottet hatten. Die Leberknödel aus gepressten Sojawürfeln schwimmen im natürlichen Abwaschwasser, das für den exotischen Genießer extra mit einer Ladung Biosalz aus dem Toten Meer angereichert wird – gut möglich, dass die Packung aber auch für das Vollbad des an Neurodermitis leidenden Wirtshaus-Opas gedacht war. Die Hauptspeise ist ein Potpourri, bestehend aus Seitan-Steckerlfischen, die man kurz zuvor aus dem Schilf des ausgetrockneten Neusiedler Sees gerissen hat, gedämpfter und lauwarmer Tempeh-Käsekrainer aus einem ungarischen China-Supermarkt sowie einem Schöpfer Jackfruit-Gulasch, das schon aus dem Grund vegan ist, weil es sonst kein Schwein isst.

Mein Hunger wird mit diesem Futter kaum gestillt – daher bestellte ich beim letzten Mal noch einen Veggie Burger à la carte dazu. Wobei mir dann auf dem Weg zum Auto auffiel, dass das Gras vor dem Restaurant deutlich kürzer war als beim Kommen.

Wie auch immer: Als Freund der gefiederten Lebewesen streichelte ich zum Abschied ein paar Mitglieder der schnatternden Herde, deren kostbares Leben ich aus Respekt vor der Schöpfung verschont hatte. Zum Dank wurde mir die Fingerkuppe abgebissen.

Martini-Gansln sind anscheinend keine Vegetarier.

FRÖHLICHER WELTUNTERGANG!

Was ich am letzten Monat des Jahres so sehr fürchte? Dass mit dem Heiligen Abend die Zeitrechnung aufhört. Der 24. Dezember steht wohl nicht für die Erlösung der Welt, sondern eher für deren Untergang.

Das empfinden alle Menschen in meiner Umgebung so. Wie sonst könnte man erklären, dass heuer bereits mit dem Nachlassen der ärgsten Sommerhitze drei Freunde ihre Telefonate mit dem angsteinflößenden Satz beendeten: „Wir sehen uns sicher noch vor Weihnachten." Mit dem Heranrücken der Apokalypse erhöht sich der Druck weiter. „Oh Gott, unser geplantes Treffen geht sich vorher nicht mehr aus", jammerte Mitte November ein entfernter Verwandter im sicheren Wissen, dass es kein Danach mehr gibt.

Und der berufliche Stress erst! Die Chefredakteure sämtlicher Zeitschriften, für die ich tätig bin, saugen mir förmlich den Punsch aus den Autoren-Adern. „Deine Satire über den Osterhasen schickst du mir schon noch vor Weihnachten!", flehte einer vor dem drohenden Advent-Armageddon. Und sogar die sonst so freundliche Verlegerin meiner Bücher erinnerte mich vor kurzem barsch: „Du willst doch etwas Humorvolles über dieses Jahrhundert schreiben. Das brauche ich vor ..."

Meinen kleinlauten Einwand, dass ich dafür eigentlich fast 80 Jahre Zeit hätte, quittierte sie mit einem festlichen Befehl: „... Weihnachten!" Als würde ein Komet am 24. Dezember die Erde schrammen.

Auch die verständnisvolle Frau an meiner Seite spürt wohl das nahe Ende. „Räumst du dein Arbeitszimmer noch davor auf?“, bat sie mich, denn anscheinend kommen nur ordentliche Menschen in den Himmel. Bei der Gelegenheit sollte ich auch unsere alten Fotos suchen, die unter dem heillosen Durcheinander liegen. Ein letzter Blick auf vergangene Urlaubsreisen – rechtzeitig vor den Feierlichkeiten!

Ich frage mich ernsthaft, ob irgendwer jemals einen 25. Dezember erlebt hat! Oder ob wir gefangen sind in einer Zeitschleife, in der wir nach dem großen Knall unbarmherzig zurückgeworfen werden und alles immer wieder erleben müssen. Täglich grüßt das Murmeltier aus dem Stall von Bethlehem …

In diesem Sinn wünsche ich – zum wievielten Mal eigentlich? – allen meinen Lesern einen fröhlichen Weltuntergang!

„MOLLIG IST SCHÖN“

Mein Lotterleben hat gewisse Vorzüge – ein gestählter Körper gehört nicht dazu. Nach den üppigen Feierlichkeiten zu Ehren von Christi Geburt bin ich nämlich noch immer schwanger: mit einigen Kilogramm an getränkten Fettpolstern.

Weil auch eine ordentliche Portion Eitelkeit zu meinen liebenswürdigen Eigenschaften zählt, muss ich mich langsam auf die wärmeren Jahreszeiten vorbereiten – wenn man nicht einmal mehr in einem Hermann-Maier-XXL-Ski-Anorak verpackt verheimlichen kann, von Weihnachtskeksen, Bockbier und Punsch guter Hoffnung zu sein.

Sport fällt aus, denn dafür bin ich mittlerweile schon zu dick – daher passe ich lieber das unmittelbare Umfeld den nackten Tatsachen an: Ich bat meine Gefährtin, der israelische Humorist Ephraim Kishon hatte die seine bekanntlich „beste Ehefrau von allen“ genannt, alle Bekannten mit Modelfiguren aus ihrem Adressenverzeichnis im iPhone zu löschen. Ab Mai treffen wir uns nur noch mit fettleibigen Freunden, die sind erstens viel lebenslustiger als die Bohnenstangen und zweitens wirke ich dann im direkten Vergleich fast wie ein Athlet.

Zur Sicherheit ersuchte ich auch noch einen befreundeten Journalisten einer durchaus renommierten Tageszeitung, schon im April mit der bahnbrechenden Artikelserie „Mollig ist schön" zu beginnen. Sollte mein Bäuchlein also trotz allem in der Öffentlichkeit auffallen, könnte ich mit Fug und Recht auf die gesellschaftliche Entwicklung in diesem Bereich hinweisen.

Spätestens im Hochsommer fruchtet aber keine dieser taktischen Maßnahmen mehr: Wir werden daher alle Ganzkörper-Termine in der Bundeshauptstadt absagen und uns nur noch im Garten unseres burgenländischen Hauses bewegen. An einer bestimmten Stelle im Freien sitzend ist es mir allen Berechnungen zufolge sogar möglich, den außerhalb des Zaunes vorbeigehenden Nachbarn zuzuwinken, ohne dass die etwas von meinen anderen Weihnachts-Umständen bemerken.

Aus dem Sprung in den kühlenden Pool dürfte hingegen nichts werden: Ich vergrub zwar rundherum Kastanien, bis die Bäume allerdings die entsprechende Größe erreicht haben, um sich vor unerwünschten Blicken verstecken zu können, sollte das Übergewicht mein geringstes Problem sein.

Behauptet die beste Ehefrau von allen.

SIND SIE DER DOKTOR SOMMER?

Immer wieder taucht bei meinen Auftritten die Frage auf, ob ich der leibhaftige Doktor Sommer wäre – und wenn schon nicht persönlich, dann zumindest mit dem legendärsten aller Sex-Ratgeber der deutschsprachigen Zeitungsgeschichte verwandt oder verschwägert. Den jüngeren Leserinnen und Lesern sei erklärt, dass besagter Kolumnist in der Teenie-Zeitschrift „Bravo" viele Generationen vor euch mit vielsagenden Tipps aufgeklärt hat. Das lief anno dazumal ungefähr so ab:

Das verzweifelte Bubi Karl F. erkundigte sich: „Meine Oma hat mich beim Baden zufällig nackt gesehen. Muss ich sie jetzt heiraten?" Während die elfjährige Ursula Z. ratlos in die Diskussion warf: „Ich habe noch keinen Freund! Bin ich abnormal?" In Ermangelung von Internet-Verbindungen schrieb man wochen- und monatelang hin und her, ja, die unterentwickelten Ahnen der heutigen Cyber-Kids kommunizierten damals tatsächlich noch auf dem Postweg, und bis die Antworten endlich veröffentlicht wurden, war der Junge längst geschieden und das Mädchen Großmutter. Der wahrhafte Doktor Sommer ist daher ein unerreichbares Vorbild, weil er niemals irrte. Mir hingegen sind trotz Büchern wie „Promille-Doktor" und „Doktor-Spiele" universitäre Titel nie in der Realität, sondern bloß in der satirischen Scheinwelt verliehen worden, und da von mir selbst. Ich bin ein wandelndes Plagiat.

Die Enttäuschung unter manchen Zuhörern ist daher groß, wenn ich zugeben muss, dass mit meinem berühmten, im Jahr 2012 verstorbenen Namensvetter nicht einmal zarte familiäre Bande bestehen.

Um den Unersetzlichen wieder auferstehen zu lassen, wurde er übrigens von einem Computer ersetzt. Das bereitet mir Kopfzerbrechen! Wahrscheinlich sitzt gerade irgendein blutjunger, hochbegabter IT-Spezialist in Neu-Delhi an seinem megacoolen PC und entwickelt ein urgeiles Programm, das in Zukunft die europäischen Jugendlichen einschlägig berät.

Die Auflösung ihrer statistisch gesehen größten Ängste, also mögliche unerwünschte Folgen der „ersten Nacht“ mit dem Freund oder der Freundin, könnte dann recht technisch aussehen: „Keine Sorge! Drückt einfach die Tasten Steuerung plus Z – alles rückgängig machen!“

Doktor Sommer dreht sich im Grabe um …

MEIN KATER ALS SATIRIKER

Ich habe mir vorgenommen, möglichst wenig über das Coronavirus zu schreiben! Wozu auch? Meine starke Persönlichkeit hat sich auch im Lockdown nicht verändert. Sagt mein Kater.

Menschen wie ich können selbst mit den schwierigsten Situationen umgehen: Neu ist allerdings, dass mein vierbeiniger Freund auf Fragen antwortet. Lange Zeit hatten die Gespräche ja einen eher einseitigen Verlauf gehabt: „Na, Burli, willst du haben gutes Pappipappi?“ So nebenbei bemerkt, war mir schon damals nicht klar gewesen, warum man die Konversation mit Haustieren derart infantil gestaltet: Entweder sie verstehen uns ohnehin nicht, dann wäre jede Form von Reden gänzlich sinnlos, oder sie nehmen die Worte sehr wohl wahr – dann könnten wir sie ja auch gleich grammatikalisch korrekt aussprechen.

Daher überraschte mich seine morgendliche Reaktion an diesem unvergessenen 33. Tag in häuslicher Isolation nur bedingt: „Blöde Frage! Ein schlechtes Essen werde ich wollen.“ Arie, so heißt die herrisch auftretende männliche Katze, hat im Laufe der Jahre anscheinend die Eigenschaft seines Lebensmenschen angenommen: Er ist ein Satiriker mit dem Hang zum Sarkastischen.

„Magst du Thunfischi oder Hamham von einer Muh-Kuh?“, fragte ich ihn stammelnd weiter.

„Egal! Hauptsache, du kochst nicht selbst! Wo ist diese Frau, die bei uns wohnt?“

„Im Supermarkti mit Töfftöff.“

„Dann ruf sie an und sag ihr, dass ich etwas vom Schwein will! Und zwar paniert. Das gesunde Gemüse hängt mir schon beim Hals heraus."

„Ein Wiener Schnitzel! Gute Idee", jubelte ich.

Als die Beute, wie befohlen, in sein Wohnzimmer gebracht wurde, saß Arie schon am Mittagstisch mit einem Latz um den Hals und dem Besteck in seinen Pfoten. Er bot uns beiden an, ausnahmsweise neben ihm Platz zu nehmen, und nicht wie sonst aus einer am Boden aufgestellten Schüssel zu speisen. „In der Krise müssen wir alle zusammenhalten", sinnierte die Fellnase, die dann zärtlich meine Ohren kraulte. Möglicherweise begann ich sogar zu schnurren und aufgrund des köstlichen Mahls zufrieden zu grunzen.

Wie gesagt: Starken Persönlichkeiten macht ein Lockdown nichts aus. Sie lassen andere für sich sprechen.

IST DIE ERDE EINE SCHEIBE?

(PLÖTZLICH WAREN DIE MASKEN WIEDER „IN")

So ändern sich die Zeiten: Noch vor wenigen Monaten wäre in Windeseile ein Sondereinsatzkommando herbeigerast, wenn man eine Bank mit einer Maske betreten hätte. Heute wird ein Kunde bestraft, wenn sein Gesicht zu sehen ist.

Wir bewegen uns tatsächlich in einer völlig neuen Normalität: Meine liebevollen Eltern, die ihren Sohn auf ein sittsames Dasein in Würde vorbereiten wollten, warnten mich stets davor, als Erwachsener daheim vor dem Fernseher mit einer Flasche Bier in der Hand den Tag zu verbringen. In der Phase großer Ansteckungsgefahr ist man mit solch einem Verhalten hingegen ein Lebensretter.

Dieses revolutionäre Umdenken bei unseren alteingesessenen Sichtweisen macht mir Hoffnung auf mehr: Wenn eine unsichtbare Mikrobe die Gesellschaft in derart kurzer Zeit komplett auf den Kopf zu stellen vermag, dann scheint wirklich alles möglich zu sein. Die große Wende ist nah!

Wird man beim nächsten Veganer-Kongress in Entenhausen gebackenes Hühnerfleisch als tägliche Hauptspeise und Gänseleber als politisch korrektes Abendessen empfehlen? Gilt eine Dose vom 16er-Blech bald als Nummer eins unter den Fitness-Drinks? Bestätigen Gesundheitsexperten weltweit, dass zu viel Leitungswasser dem menschlichen Körper schadet und ihn am Ende sogar in eine Sardine verwandelt? Vor allem, wenn man über zwei Liter täglich davon trinkt! Geben Mediziner ihren schrecklichen Irrtum von der regelmäßigen Bewegung, die wir dringend benötigen würden, kleinlaut zu? Erfahren wir in Bälde von untadeligen Fachleuten, dass wenig Schlaf, viel Alkohol, fettes Fleisch und zumindest 25 Zigaretten am Tag den Zellverlust stoppen? Erklärt der UNO-Sicherheitsrat Yoga offiziell zur Lachnummer? Fordern renommierte Psychologen, dass Jugendliche jeden Nachmittag mit Ego-Shootern am Computer verbringen sollen, damit ihre geistigen und charakterlichen Fähigkeiten gedeihen? Fällt braves Steuerzahlen in Zukunft nicht mehr unter systemrelevantes Verhalten? Ist die Erde eine Scheibe?

Und überhaupt: Werden die Geisterspiele unserer Fußball-Bundesliga Kassenschlager, weil man sie in Hollywood zu Horror-Klassikern verfilmt? Die Hoffnung stirbt zuletzt!

BOBBY IST KEIN BOBO

An einem lauen Sommerabend traf ich einen alten Schulfreund, der extra aus einem Außenbezirk zum Karmelitermarkt in der Leopoldstadt reiste, um mich mit folgenden Worten zu begrüßen: „Du alter Bobo."

„Stimmt nicht ganz", schüttelte ich den Kopf, „als wir noch jung waren, haben alle Bobby zu mir gesagt."

Um Ihnen die wirren, lautmalerischen Gespräche, die nach mehreren Gläsern Chardonnay auf pittoreske Weise folgten, zu ersparen, komme ich gleich zur wesentlichen Frage: Was, bitte, ist ein Bobo? Wissenschaftlich erklärt, eine Mischung aus bourgeois, dem wohlhabenden Bürgertum angehörig, und bohemien, also dieser sogenannten Klasse gegenüber kritisch, rebellisch und sogar revolutionär eingestellt. In den Widersprüchen vereint sozusagen: Man verspeist zum Beispiel nächtens Tofu-Käsekrainer, macht sich dabei über die kulinarisch unterentwickelten Würstel lustig, die Leberkässemmeln verdrücken, arbeitet aber tagsüber im Management einer internationalen Fleischfabrik. Batman könnte demzufolge einer der ersten Bobos überhaupt gewesen sein, weil der Multimillionär am Abend die Kleidung wechselt und als Fledermaus getarnt die Armen vor den Bösen beschützt.

Aber was hat das alles mit mir zu tun? Mein Lieblingsessen ist Fisch, und ich flattere nur selten in einer hautengen Latex-Dress von Dach zu Dach.

Gut, ein bisschen gespalten ist meine Persönlichkeit schon: Ich bin zwar Wiener, aber im Fußball weder Rapidler noch Austrianer, sondern Bayern-Fan; mich widert jede Form von Gewalt an, aber wenn Bud Spencer und Terence Hill im Fernsehen ein paar Schurken verprügeln, muss ich mich vor Lachen zerkugeln. Und ich veröffentliche bald mein siebentes Buch, wenn ich aber einen 500-Seiten-Wälzer begnadeter Kollegen lesen möchte, scheitere ich meist schon am Vorwort.

Macht mich diese Zerrissenheit wirklich zum Bobo? „Nein,

Bobby", meinte mein Freund irgendwann nach Mitternacht. „Es ist nur die Gegend, in der du wohnst."

Das beruhigte mich: Wir gingen ins nächste Lokal, bestellten eine Flasche Schampus und erörterten bis zum Morgengrauen mit intellektueller Brillanz, wie man die Armut auf unserem Planeten beseitigen könnte.

Zum Glück bin ich kein Bobo.

DAS „DU"-VIRUS GEHT UM

Die Gleichschaltung der Menschheit spiegelt sich in der deutschen Sprache wider: Die Anrede „Sie" ist fast ausgestorben, das grassierende Du-Virus hat ganze Arbeit geleistet.

Wie bei einem Begräbnis üblich, blicken wir kurz in die Vergangenheit: Im 16. Jahrhundert verwendeten die Bewohner in unseren Breiten bei Konversationen noch das Wörtchen „Ihr", also die zweite Person Plural – auf diese Weise wurde der Angesprochene als Teil einer Gruppe quasi zu mehreren Personen, womit die gewünschte Distanz entstand. In Wien, vielleicht schon damals in allen Umfragen eine der unfreundlichsten Städte der Welt, verliefen zufällige Begegnungen entfernter Bekannter ungefähr so: „Wie geht es euch?" Antwort: „Uns? Naja: Der eine kann dich nicht leiden, der andere spricht schlecht über dich. Und der Dritte von uns denkt an gepfefferte Schimpfwörter." Da ein derartiges Verhalten zu schizophrenen Erkrankungen aller Art führte, wuchs die Berufsgruppe der Psychotherapeuten deutlich an. Sigmund Freud lässt grüßen!

Das war wohl auch ein Grund, warum man vom „Ihr" zum „Er" wechselte. Damit konnte man die scheinbare Abwesenheit des Gesprächspartners vortäuschen und sogar Beleidigungen salonfähig gestalten: „Er kann mich am A*** lecken", ist als literarisches Götz-Zitat in die Umgangssprache eingegangen.

Im Laufe der Zeit verschmolzen Mehr- und Einzahl, und daraus entstand die Anrede „Sie", die ein Pluralwort ist, aber singularisch verwendet wird. Der Ruf „Verschwinden Sie von der Straße, ich möchte Sie mit meiner Kutsche überholen!“, trägt immer noch eine gewisse Würde in sich.

Dieses Minimum an Respekt ist aber verblichen: Daher stehen wir hier und beerdigen das „Sie“, zu Fall gebracht von einer „Du“-Pandemie, die in sozialen Medien, In-Lokalen, Büros, einfach überall, umgeht. Die wenigen Nichtinfizierten, die völlig Fremde weiter „siezen“, gelten als spießige Spaßverderber. Heutzutage kann es leicht passieren, dass man als Fußgänger von Drahteselreitern angeschrien wird: „Schleich dich vom Radweg! Verstanden?“

Wie schön wäre es doch, wenn man antworten könnte: „Ich kann euch nicht leiden, spreche schlecht über euch und denke an gepfefferte Schimpfwörter ...“

ENTERPRISE, BITTE BEAMEN!

Ich gehe mit einem Gedanken schwanger: Meine innere Uhr tickt. Als Bub malte ich mir nämlich, schon damals ziemlich fantasiebegabt, in den schrillsten Farben das Jahr 2022 aus – wenn ich also 60 bin. Was in meiner jugendlichen Vorstellung die höchste aller möglichen Altersstufen gewesen sein dürfte.

Wie würde die Welt dann aussehen? Beherrschen die angsteinflößenden „Klingonen“, die ich von der Fernsehserie „Raumschiff Enterprise“ kannte, den Planeten Erde? Vermögen wir zu beamen, also durch die Kraft der Transformation von Körperzellen in Sekundenschnelle von einem Ort zum anderen zu gelangen? Ist Zahnreißen durch den medizinischen Fortschritt längst ein schmerzloser Spaß? Oder die Austria gar Fußballmeister? In der Wiener Liga! Ein geheimnisvolles Virus spielte in meinen futuristischen Überlegungen übrigens keine Rolle.

Zwei Jahre davor ist die irdische Realität eine andere. Ich stehe vor einer schweren Entscheidung, die sich in der Gruppenbildung meines ähnlich betagten Freundeskreises widerspiegelt.

Auf der einen Seite verharrt Karl (Name von der Redaktion geändert), der mit seiner Spezi-Truppe völlig aufgegeben hat. Die tauchen ihre Leber regelmäßig in Alkohol, rauchen wie Schornsteine, betreiben keinen Sport mehr und sind fettleibig. Herr K., einst ein leichtfüßiger Marathonmann, mutierte mit 112 Kilogramm zum unansehnlichen Schwergewicht. Für ihn gilt die Unschuldsvermutung.

Ihm gegenüber bewegt sich der wieselflinke Hans mit seinen Leuten, die der nagenden Zeit ein Schnippchen schlagen wollen: Diese Herren trinken in Lokalen nur vorgewärmtes Leitungswasser, in das sie zur energetischen Aufladung extra mitgebrachte Halbedelsteine legen, lehnen jede Form von Nikotin kategorisch ab, ernähren sich ausschließlich vegan und klettern schon um sechs Uhr früh aus den Betten, um länger joggen zu können. Ihre Lebenserwartung dürfte biblische Ausmaße annehmen.

Auf welche Seite soll ich mich schlagen? Die ultimative Frage quält mich: Saufen oder laufen? Vielleicht kann ja der allwissende Vulkanier „Mister Spock" von der Enterprise seinen Computer damit füttern und mir eine Antwort liefern. Ich beame mich mal rauf!

DIE HYMNE „I WART AB!"

Wien besitzt zwar als einziges Bundesland keine eigene Hymne, das inoffizielle Hohelied kennen wir aber alle. Zumindest den Text, vertont muss es noch werden. Vielleicht durch das weltbekannte Anfangsmotiv von Beethovens Schicksalssinfonie mit den drei markanten Achteln auf G. Die künstlerische Anspielung auf die beliebten Weingläser, die oft mit Grünem Veltliner gefüllt sind, gilt als nicht unerwünschter Nebeneffekt.

Die einprägsamen Worte dazu lauten: „I wart ab!" Sie werden mit Sicherheit wie das stimmungsvolle „God Save the Queen" der Engländer oder das schwungvolle „Marchons, marchons" der

Franzosen zu einem nationalen Ohrwurm, der dem Zauberwesen „Wurli“ gleich die Herzen aller Menschen erobert.

„I wart ab!“ Nichts spiegelt die Wesenszüge der Bewohner(innen) dieser Stadt deutlicher wider als dieser kurze Satz, der uns als Antwort auf alle wichtigen Fragen des Universums dient.

Etwa: Trinken wir in Zukunft weniger Alkohol? Treiben wir Sport? Beginnen wir mit einer Diät? Gehen wir zur Vorsorgeuntersuchung? Denken wir nur noch positiv? Spenden wir an karitative Organisationen? Und überhaupt: Wollen wir bessere Menschen werden? „I wart ab!“

Psychologen behaupten, dass wir seit Generationen der Volkskrankheit „Aufschieberitis“ verfallen seien – andere sehen darin hingegen einen anerzogenen Optimismus mit einem möglicherweise genetisch bedingten Hang zum Stoischen. Schließlich trösten schon die besorgten Mütter ihre Kinder auf typisch wienerische Weise, wenn die sich beim Spielen die Knie aufschürfen: „Wenn du einmal heiratest, ist alles wieder gut.“ Diese Prophezeiung sollte man natürlich nicht als Glorifizierung des Ehelebens verstehen, nein, keinesfalls, vielmehr symbolisch: Irgendwann renkt sich alles ein, und zwar ganz von selbst, warte nur ab! Die Hymne.

Und die ist auch in der derzeitigen Krise unüberhörbar. Abstand halten? „I wart ab, wie das meine Freunde handhaben.“ Testen auf Corona? „I wart ab, was die Nachbarin macht.“ Impfen? „I wart ab, wie die das im Altersheim vertragen.“ Wieder ein normales Leben führen? „I wart ab, bis die anderen wieder normal sind.“ God save Vienna!

EIN ENTFESSELTER VAMPIR

Meine Mutter, deren genetische Wurzeln in Transsylvanien liegen, erzählte mir immer, wie man in dieser rauen Gegend mit potenziellen Vampiren umgeht: Man bindet sie bei Vollmond zuhause an ein unverrückbares Möbelstück fest, damit sie nicht ausbüxen und durch übermäßige Biss-Orgien Schande über die Familie bringen.

Jetzt will meine Frau, die kein Verständnis für dämonische Verwandlungen aller Art besitzt, am Tag X auf dieselbe Weise mit mir verfahren: Was erotisch klingt, hat übrigens nichts mit dem sadomasochistischen Filmklassiker „Fifty Shades of Grey" zu tun, sondern eher etwas mit 50 Spritzern. Oder so.

Tag X ist, unschwer zu erraten, der Moment der Apokalypse, also der Wiedereröffnung der Gastronomie nach der lustlosen Leere des Lockdowns: Ich habe monatelang, genau gesagt seit dem 3. November des Vorjahres, kein „Blut" mehr geleckt. Mir fehlt dieser Lebenssaft, die spontanen Treffen im Stammbeisl ums Eck, im „Brendl", im „Basz" und all den anderen Lokalen in meinem Grätzel rund um den Karmelitermarkt, wo wir Nachteulen sonst wie Fledermäuse umherflattern. Zum Glück können solch gespenstische Wesen ihr Ebenbild nicht im Spiegel sehen, denn das wäre am Morgen danach tödlich. Wenn wir nicht ohnehin unsterblich wären.

Ich fiebere dieser einzigartigen Stimmung nach Mitternacht entgegen, der Auferstehung des Klatsches und des Tratsches an der Bar, der Theke, der Budel. Mit den Wirten, den Freunden, den Kollegen, den Lebensbegleitern. Skype und Zoom, diese unheiligen Kommunikationstools, die mittlerweile den Alltag prägen, verursachen mir genauso Magenkrämpfe wie Dracula der Anblick eines Kruzifixes. Die wahre Verbindung wird dabei niemals hergestellt, die existiert nur bei den lockeren Plaudereien, wo bei Bier und Wein wertvolle Daten über die hübsche Nachbarin, den älteren Herren im Stockwerk darüber oder seinen kläffenden Hund ausgetauscht und gespeichert werden.

Meine liebe Ehefrau, verehrte Vampiressa, treue Gefährtin des Wieners mit Mutations-Hintergrund, sei dir gewiss: Kein Seil ist so dick, dass es mich am Tag X aufzuhalten vermag! Bis dahin beiße ich mich irgendwie durch.

MIT DEM SMOKING INS U4

Obwohl die Friseurgeschäfte im Lockdown lange geschlossen waren, hieß es für mich: Locken down. Ich musste, im übertragenen Sinn, Haare lassen. Mir wurde nämlich, Zeit genug zum Grübeln hat ja zurzeit jeder von uns, einiges über mein Leben bewusst: Unter anderem fragte ich mich, was Männer anziehend macht. Oder etwas ehrlicher formuliert: wieso ich schon in meiner Jugend kein ausgesprochener Mädchenschwarm gewesen bin.

Die traurige Antwort dürfte in der Erziehung zu finden sein. Meine Eltern, stets um die Darstellung in der Gesellschaft besorgt, hatten mich in die damals überaus berühmte und elitäre Tanzschule von Willy Fränzl am Heumarkt geschickt – wohl um den burschikosen Rohdiamanten ein wenig zurechtzuschleifen. Abgesehen von den herzbrechenden Eisläuferinnen im Winter und den knochenbrechenden Catchern im Sommer, die dort für Sportinteressierte wie mich durch das Fenster zu bestaunen gewesen waren, blieb mir nur eine wirklich prägende Benimm-Regel in Erinnerung: Man müsse sich bei jeder Gelegenheit elegant kleiden und dürfe niemals auf ein dunkles Sakko verzichten!

Die modischen Ansprüche der zu beeindruckenden Damenwelt haben sich aber danach rasch verändert: Wer als Single bei Partys oder ähnlichen Anlässen einen langweiligen Anzug trägt, sollte sich lieber warm anziehen – denn er wird die kalte Nacht mit Sicherheit alleine verbringen. Und an einer Krawatte kann man sich gleich selbst aufknöpfen.

Solch ein Outfit spiegelt nämlich die völlige Angepasstheit wider. Und nichts ist unerotischer als die Ergebenheit dem

Establishment gegenüber. Frauen stehen vielmehr auf Revolutionäre, Typen wie Che Guevara bekommen immer eine ins Bett, selbst wenn sie verschmutzte und durchlöcherte Jacken tragen. Oder vielleicht gerade deswegen? Viele Angehörige des sogenannten schwachen Geschlechts suchen Stärke, sie schätzen schneidige Draufgänger und fühlen sich von verwegenen Rebellen magisch angezogen. Kurz gesagt: Sie schlafen lieber mit Bankräubern als mit Bankangestellten.

Jetzt ist mir das klar – aber erklären Sie das einmal einem 17-jährigen Smoking-Träger in der New-Wave-Disco „U4"!

SEIEN SIE NUR UNVERSCHÄMT!

Seit der großen Buchpräsentation beim Promi-Heurigen „Das Schreiberhaus" hat sich mein Leben dramatisch verändert: Ich bin beliebt.

Auf der Straße grüßen wildfremde Menschen den vorbeieilenden Autor, Männer laden mich auf die edelsten Biere ein, Frauen schenken mir ihr süßestes Lächeln, die Klingeltöne meines Handys ergeben eine wahre Sinfonie – und sogar ein mürrischer Polizist änderte seine Miene, als er den Delinquenten im Auto erkannte: „Bei Rot über die Kreuzung zu fahren, ist ja wirklich keine große Sache. Haben Sie ein paar Tipps für mich?"

Alle, wirklich alle, wollen wissen, wie man unverschämt reich und berühmt wird – so lautet bekanntlich der Titel des viel diskutierten Werks, das ich gemeinsam mit Christian W. Mucha verfasst habe. Meine schelmische Standardfloskel lautet zwar: „Kaufen Sie das Buch, dann sind SIE durch das Befolgen der Ratschläge und WIR durch die Tantiemen reich!" Aber diese Worte schrecken nur die wenigsten ab. Der grantelnde Pensionist vom Nachbarhaus, der mich jahrelang hochnäsig ignoriert hatte, packte auf der Straße meine Schultern und rüttelte sie, als wollte er die Lösung für alle finanziellen Probleme aus dem verängstigten Schriftsteller herausschütteln: „Was? Waas? Waaas?

Ich will alles erfahren. Jetzt!“ Mucha, ein paar Jahre älter als ich, ergriff daher die Flucht und baut seitdem ein riesiges Appartement in Nizza um: Auf der Baustelle in Frankreich, so hoffte er zumindest, würde den Experten für Geldvermehrung niemand erkennen.

Also fokussieren sich die Hoffnungen einer gesamten Nation auf den in Österreich weilenden Autoren-Kollegen: Angeblich steht ein Treffen mit dem Finanzminister unmittelbar bevor, um das Budgetdefizit ein für alle Mal auszugleichen. Im Winter hängen unsere Landsleute an den Lippen der siegenden Skistars, in diesem Sommer am schreibenden Robert.

Vor kurzem pochte sogar weit nach Mitternacht ein völlig Unbekannter an meine Wohnungstür und rief im fordernden, selbstbewussten Ton: „Ich habe auch ein Recht auf Reichtum und Berühmtheit! Was ist Ihr Geheimnis?“ Dann blickte er anscheinend auf die Uhr und meinte: „Ich bin jetzt wohl unverschämt.“

Endlich einer, der die Antwort schon kannte!

ICH BLEIBE WEITER STANDHAFT

Viper statt Virus im Blätterwald! Corona verkroch sich im letzten Monat ein wenig aus dem Blickwinkel der medialen Aufmerksamkeit, während plötzlich Schlangen ihre Stunden des Ruhms genossen. Wobei es zu gewissen Unschärfen in der internationalen Berichterstattung kam: Nachdem ein auf der Toilette sitzender Grazer von einem derartigen Reptil erschrocken worden war, schrieben heimische Zeitungen noch, dass sich das Tier durch einen Schnapper in die Pobacke bemerkbar machte. Unter dem Motto: „He, Kernöl-Junkie, hau ab! Du hockst auf meinem Kopf!"

In deutschen Boulevard-Gazetten sah das eigenwillige Rendezvous schon ganz anders aus, da wurde nämlich dem verdutzten Ösi glatt in die Genitalien gebissen – was wohl den sadomasochistischen Hang der Leserinnen und Leser solcher Publikationen befriedigen sollte. Wobei mir persönlich in den diversen Artikeln die Aufklärung fehlte, ob es sich bei der Python um ein Weibchen, also eine Domina, oder ein Männchen, einen Dominus, gehandelt hatte.

Egal: Denn als auch ein Wiener in einer ähnlich misslichen Lage auf eine Boa traf, war ich endgültig in Siegerstimmung. Meine Frau peinigt mich ja seit Jahrzehnten, weil ich mein kleines Geschäft zuhause im Stehen und nicht viel hygienischer im Sitzen verrichte. Nun habe ich für alle Zeiten die passende Argumentation: Ich will nicht zu Tode gebissen werden.

Sie meint zwar, ich wäre ein sturer, unbelehrbarer Macho-Esel, in Wahrheit quält mich aber nur die Urangst vor dem tiefen Abgrund, dem ewigen Nichts. Genauso wie ich mich davor fürchte, von einem Boot ins Meer zu springen, weil da etwas Ungewisses lauert, das einen nach unten ziehen könnte, nehme ich nur sehr ungern auf einer Toilette Platz. Was wartet da im Dunkel des Abflusses auf den Notdürftigen? Bei möglichen Antworten geht die Fantasie mit mir durch: Die ausgestreckte Hand eines Zombies? Krakenhafte Ungeheuer? Außerirdische mit fünf Köpfen? Das

Finanzamt? Schon beim ersten Grummeln im Darm werde ich von solchen Horrorvorstellungen geplagt. Warum soll ich mich also auch beim Pinkeln dieser Gefahr aussetzen? Schließlich sind meine Genitalien heilig. Ich bleibe weiter standhaft!

MEIN RETTER, DER MAULWURF

Meine Frau ist Bigamistin. Oder heißt das Botanikerin? Ich bin, was Fremdwörter betrifft, nicht ganz so firm.

Auf jeden Fall spricht die Leidenschaftliche regelmäßig voller Hingabe mit ihren Anvertrauten, streichelt zärtlich deren Häupter und blickt verständnisvoll über ihre kleinen Schwächen hinweg – wenn eben diese blumigen Köpfchen schon leicht verblichen nach unten gesenkt sind. „Habt ihr Durst?“, fragt sie in solchen Fällen und greift zum Wasserschlauch. Ich indes muss, von der Hitze ebenfalls geplagt, stöhnend aus dem Liegestuhl klettern, um aus dem Kühlschrank mit letzter Kraft selbst eine Dose Bier zu holen. Dabei kann es schon passieren, dass die gesetzmäßig MIR Angetraute kritisch murmelt: „Du hast ja ein Doppelkinn! Wie wär's mit weniger Alkohol und mehr Sport?“

Den stechenden Rosen verdirbt sie hingegen mit Vorwürfen, die ihr Verhalten oder Aussehen betreffen, niemals den Tag. Auch nicht den modelhaft magersüchtigen Lilien, den selbstverliebten Narzissen und den kitschig-bunten Tulpen. Schon gar nicht den übel riechenden Kräutern, der Trauerweide, die beim Anblick allein schon depressive Schübe in mir auslöst, der Tanne, die absichtlich Nadeln fallen lässt, auf der wir uns die Sohlen zerstechen, und dem Ahorn mit seinen Blättern, die die Dachrinne verstopfen.

Meine Frau ist mit ihrem Garten verheiratet – und in einer guten Ehe verzeiht man derlei Unzulänglichkeiten eben.

Die pflanzlichen Nebenbuhler haben anscheinend alles, was mir fehlt: in erster Linie eine gewisse Erdverbundenheit, die es ihnen unmöglich macht, bei Gesprächen über Frauenthemen einfach wegzulaufen; sie blühen außerdem stetig auf (während meine Blütezeit eher vergangen ist), sie zeigen Dankbarkeit durch Wachstum (ich hingegen bin in den letzten drei Jahren altersbedingt zwei Zentimeter eingegangen); und sie bleiben nüchtern, wenn sie trinken.

Aufgegeben habe ich aber die Hoffnung noch nicht, diesen Liebeskampf gegen schier übermächtige Kontrahenten zu gewinnen. Bei meinen Nachbarn nistete sich nämlich ein Maulwurf ein, der ihren Garten verwüstete. „Im September kannst du ihn ausleihen", flüsterte der gehörnte Ehemann von nebenan über den Zaun ...

DER STRUDELTEIG FEHLT MIR

In der Jugend scheint die Zeit niemals zu vergehen: Man wartet ungeduldig auf das Klingeln, das die ungeliebte Mathematikstunde beendet, den schulfreien Samstag mit der garantiert alkoholfreien Party der heiß begehrten Mädchen der Nachbarklasse, den ersten Kuss, das erste Auto, das erste Mal ...

Das Leben zieht sich in diesem Alter wie ein unendlich langer Strudelteig. Kaum wird ein Stück abgebissen, bläht sich die zähe Form wieder zu einem unverdaulichen Monster-Happen auf. Ich hatte immer das Gefühl gehabt, rund um die Uhr zu kauen, aber nie wirklich zu essen. Es war eine Zeit voller Hunger und unbefriedigtem Wissensdurst gewesen. Der Geburtstag in vier Monaten: Wird endlich das schicke Moped zum Prahlen bei den Ausfahrten auf der Ringstraße meins sein? Die großen Ferien in einem halben Jahr: Werde ich mich verlieben? Was ist das eigentlich? Und werde ich es überhaupt merken? Oh Gott, so lange noch, dieses schreckliche, unerträgliche Warten!

Und gestern? Da fragte mich ein Freund, den ich zufällig vor einem Modegeschäft traf: „Hast du auch schon alles für Weihnachten beisammen?" Es war Mai.

Im Erwachsenen-Dasein rast die Zeit wie das Christkind im Railjet. Haben wir uns nicht vor kurzem auf die Fußball-EURO gefreut? Oder ist das tatsächlich schon wieder vier Monate her? Aus der Zeitlupe der Jugend ist ein Schnelllauf des Alters geworden: die wunderschönen Tage im Juli und im August, die rauschenden Gartenfeste, das erfrischende Baden im Pool – so spürbar nahe und doch so weit weg. Jetzt geht's schon wieder um den Christbaum! Und wie werden wir heuer Silvester verbringen? Und wo den nächsten Sommerurlaub?

Ich beginne mich langsam nach diesem zähen Strudelteig zu sehnen, der mir einst die Unendlichkeit des Lebens vorgegaukelt hatte. Ein Bissen jetzt und man erkennt, dass er nicht ewig lang ist. Anders als in meiner Jugend, in der ich den nächsten Geburtstag nicht erwarten konnte, schiebe ich sämtliche Gedanken am meinen Ehrentag im kommenden Jahr von mir weg. Aber je mehr ich schiebe, desto schneller scheint er näher zu rücken. Manchmal fühle ich mich bereits wie 60.

Hoffentlich hat meine Frau schon alle Geschenke besorgt!

GUSTI UND DIE RADFAHRER

Dass Wien eine der lebenswertesten, aber auch eine der unfreundlichsten Städte der Welt ist, mag nur auf den ersten Blick ein Widerspruch sein. Übrigens grantelt man nach einer Umfrage nur in Paris und Kuwait City mehr, was mich beim kleinen Wüstenemirat allerdings wundert: Dort gibt es ja gar keine U-Bahn.

Da haben wir es wesentlich leichter! Gedächtnisprotokoll eines Morgens in der U1, wobei ich zu meiner Verteidigung feststellen möchte, dass ich mich als unbeteiligter Schriftsteller nicht in die Arbeit, sondern von einer Party nach Hause begab:

Radfahrer streift mit dem Hintern seines Drahtesels einen laut telefonierenden Anzugträger. Der faucht: „Bist deppert?" Schlagfertiger Repost: „Na, du schiacher Hund!"

Ein Kurzhaardackel mir gegenüber fühlt sich beleidigt, knurrt aber vielleicht auch nur deshalb, weil ihm der enge Maulkorb auf die Nüsse geht. Das Frauerl schiebt ihm zur Beruhigung ein paar Aschanti durch das engmaschige Gitter und klärt eine neben ihr sitzende Fremde auf: „Wissen S', die Viecherln würden nie so gemein sein wie die Menschen. Des san alles Schweine." Ich zucke verwundert mit dem linken Auge. Daraufhin starrt sie streng in meine Richtung, ich stelle mich tot, wirke aber trotz des Restalkohols anscheinend noch zu lebendig. „San Sie net der, der da im ‚vormagazin' schreiben tut?" Bescheidenes Nicken. „I lies des nie, i schau immer nur die Büder an."

Ein älterer Herr dreht sich um, möchte beipflichtend wirken, tritt aber ins Fettnäpfchen: „Sie ham scho recht, gnä Frau! In den Zeitungen steht eh nie, dass die Radler alle Rowdys san und die Hund alles vollkacken." Die Tierfreundin reagiert empört: „Was? Sie vergleichen mein' Gusti mit an von die vollhinigen Radfahrer?" Bei Gustav dürfte es sich um ihr Hündchen handeln, das gerade an einer verschluckten Nuss zu ersticken droht und damit hysterische Schreie beim Frauchen auslöst. Stimme aus dem vorderen Teil des Waggons: „Halt die Papp'n!"

Es ist mein Wien und bleibt mein Wien. In diesem Moment habe ich mir geschworen, niemals nach Kuwait zu ziehen – auch wenn die dort in der Umfrage vor uns liegen!

(Übrigens: Mittlerweile sind wir bereits die Nummer eins! Danke, U-Bahn!)

DIE WEIHNACHTS-IMPFUNG

Hat irgendjemand schon die Langzeitfolgen von Weihnachten analysiert? Angeblich gibt es ja Christkindlmärkte seit dem 13. Jahrhundert, und wenn nur jeder dritte Österreicher seitdem dort zumindest einen Punsch getrunken hat, lässt sich die Süßstoff-Attacke auf den menschlichen Körper mit der Rechen-App auf jedem Handy leicht ermitteln. Als arithmetische Grundlage gilt dabei, dass sich in einem Becher neben den durchschnittlich sieben Prozent Alkohol auch noch neun Stück Würfelzucker auflösen. Eine schöne Bescherung!

Wer meint, das alles hätte doch nichts mit diesen Feiertagen zu tun und getrunken wird in unserem Land auch zu anderen Anlässen, dem muss ich mit persönlichen Zahlen widersprechen: Ich selbst nehme jeden Dezember rund drei Kilogramm zu – was auch an der Gier nach Keksen aller Art und der nicht existierenden Kraft, Einladungen einfach abzulehnen, liegen könnte. Die fehlende Zeit für Sport ist auch eine Langzeitfolge, die, wenn man die letzten viereinhalb Jahrzehnte zusammenrechnet, einen Zuwachs meiner Körperfülle von 135 Kilogramm bedeutet. Weihnachten hat eine Stopfgans aus mir gemacht!

Auch finanziell führte mich das Fest der Liebe an den Rand des Bankrotts: Mit Sorgenfalten denke ich an die unzähligen Spielsachen, die schon am Stefanitag in einem Kasten verschwinden, also unnütze Geschenke für Kinder entfernter Verwandter, die ihrerseits mit niemals getragenen Hemden und Krawatten überhäuft werden, teure Duftnoten für meine Liebste, die ich in den Monaten danach nie an ihr gerochen habe, und

Restaurant-Rechnungen von Familienessen, weil beim Zahlen alle männlichen Mitglieder unserer Sippe wie auf Tannennadeln sitzend aufspringen und in der Toilette verschwinden. In Summe ist das ein sechsstelliger Betrag.

Dazu kommen die vielen Enttäuschungen, als ich etwa mit 18 Jahren von meiner betuchten Oma nicht das erhoffte erste Auto mit den roten Spoilern bekam, sondern nur eine silberne 50-Schilling-Münze mit den winzigen Wappen aller Bundesländer. Oder viel früher, als ich registriert hatte, dass meine Eltern in Wahrheit das Christkind sind.

Völlig unerklärlich ist daher, dass ich mich noch immer auf Weihnachten freue. Dagegen hilft nur eine Impfung!

SLIM-FIT-DEAL IST GEPLATZT

Das traditionelle Einkaufen gleicht längst einem antiken Ritual! Das war allerdings nicht ganz ohne Vorteil gewesen: Man hatte damals zum Beispiel die Ware vor dem Erwerb sehen und sie gegebenenfalls sogar probieren können.

Unlängst wollte ich wieder einmal neue Jeans meiner Lieblingsmarke – natürlich bestellte ich sie, wie es sich gehört, im Internet. Es herrschte zu diesem Zeitpunkt zwar kein Corona-Lockdown, aber ganz ehrlich: Persönliches Shoppen ist mir schon lange auf die Socken gegangen, ich besorge mir Kleidungsstücke wie alle anderen urbanen Weltbürger lieber online. Zumal ich ja meine Größen kenne. Bei Hosen M wie Medium.

Ein extra installierter „Umrechner" auf der Homepage erleichterte mir diese Aufgabe, addierte Alter und Essgewohnheiten, subtrahierte die wöchentlichen Sporteinheiten und empfahl nach Multiplikation des von mir angegebenen Bodyindexes die Nummer 34. Sollte ich allerdings meine Figur, was auch immer das sein mochte, etwas betonen wollen, würde mir der Mode-Computer zur Größe 32 raten. Verbunden mit der Extra-Slim-Fit-Variante im Stretch-Denim-Style. Bei der Rückenansicht des mir präsentierten männlichen Supermodels platzte der Deal allerdings wie aller Voraussicht nach auch meine neuen Jeans. Für das Tragen derart enger Hosen würde es einer Hungersnot, keiner Pandemie bedürfen.

Also klickte ich weiter zur rettenden Zahl 36, musste mich aber hier zwischen den brandneuen Angeboten Tapered-Fit, Mega-Fit und Relaxed-Fit entscheiden, von Erholung war da längst keine Rede mehr! Schreiend vor Zorn fand ich eine Fluchttaste aus diesem Fitness-Wahn und hämmerte wie von Sinnen den Buchstaben M in die Tastatur. Daraufhin öffnete sich die Mankind-Sektion des Designers und zeigte mir die diesbezüglichen Skinny-Slim-Illusionen, allerdings in der koreanischen Größenanordnung. Ich bräuchte also Minimum eine dreistellige Zahl, am besten im Dad-Stil, weil ich ja nicht mehr der Jüngste wäre. Ich lehnte empört ab. Und landete bei den Slim-Fit-Modellen des Vorjahres.

Seitdem laufe ich weiter in den alten Medium-Jeans herum. Die haben übrigens ein kleines Loch am big fat Hintern. Mit etwas Glück geht das ja vielleicht als Ripped-Denim-Style durch …

WÜRMER SCHREIEN NICHT

Die Menschheit hat sich weiterentwickelt und vertraut nicht mehr steinzeitlichen Medikamenten wie Antibiotika, Aspirin oder Antihistaminika. Vor kurzem litt ich ein wenig unter Halsschmerzen – die Ursache war kein arglistiges Virus, sondern eine banale Verkühlung bedingt durch sommerliche Kleidung an einem scheinbar frühlingshaften Nachmittag kombiniert mit der Fehleinschätzung, bei meinem Immunsystem genüge zu Sakko und Hemd ein flotter Schal.

Als ein Bekannter, den ich zufällig traf, meine Schluckbeschwerden bemerkte, riet er mir händeringend von Lutschtabletten aller Art ab: „Nimm die ja nicht! Dadurch bereichert sich nur die raffgierige Pharmaindustrie, außerdem zerstören die chemischen Substanzen dein Energiefeld." Ich sollte stattdessen in der Früh Bachblüten zum Erblühen meiner Seele schlürfen, zu Mittag Globuli zwecks Konsolidierung der Körperschwingungen verzehren und am Abend vier indische Zen-Jünger einladen, die mithilfe von Biotrommeln meine verluderten Chakren öffnen könnten. „Also wirklich!", schüttelte er den Kopf. „Du bist der Einzige, der noch der Schulmedizin vertraut." Peter, so heißt mein Bekannter, muss es ja wissen: Schließlich ist er Malermeister und hat es durch den zweiten Bildungsweg zu einem Schreibtischjob in einem Schuhkonzern gebracht.

Eine geheimnisvolle Internetadresse, die ich von ihm unter dem Siegel der Verschwiegenheit erhielt, verriet mir weitere Details aus der Welt der alternativen Heilungsmethoden: Eine betäubende Injektion mit den zerstörenden Giftstoffen beim Zahnreißen würde meinen sicheren Tod in geschätzten 67 Jahren bedeuten. Stattdessen sollte ich auf die Zähne beißen und danach den Arzt. Zur Erleuchtung des weinenden, dritten Auges wären noch Weihrauch-Tabletten empfehlenswert, zur Not eine letzte Ölung. Und überhaupt sei Schmerz eine Illusion, hervorgerufen von den Pharma-Despoten. Selbst ein gebrochenes Bein könnte man durch Handauflegen und Einreiben eines

Entwurmungsmittels kitten. „Haben Sie jemals einen Wurm vor Schmerzen schreien hören?", fragt Experte Dr. h.c. Kunibert L. den staunenden Besucher des Portals. „Eben!"

Ich schluckte. Und hatte plötzlich keine Halsschmerzen mehr.

DIETER CHMELAR

ist als „Ur-Wiener" in Mödling geboren, weil sich die Mutter zu diesem Zeitpunkt zufällig in Brunn am Gebirge aufgehalten hat. Der 26. Oktober ist seitdem – aber nicht seinetwegen – Nationalfeiertag. Chmelar wurde nach der Matura und einigen Studien wie Dolmetsch, Sport und Publizistik Sportreporter bei der damaligen „Arbeiter-Zeitung" – seine journalistische Karriere setzte er dann beim Radiosender Ö3, bei der Illustrierten „Bunte", bei der Wochenzeitschrift „Die ganze Woche" und als Ressortleiter bei „Basta" fort. Im ORF war er im „Seitenblicke"-Magazin tätig, außerdem übernahm er die Moderation von „Vera" (als Vertretung) und des Fernsehmagazins „Willkommen Österreich".

Anfang 2004 erhielt der vielseitige Journalist, Moderator, Kabarettist und Schriftsteller, der unter anderem bei den Biografien über Rainhard Fendrich und Toni Polster mitarbeitete, bei ATV eine tägliche Talkshow namens „Chmelar live": Der Privatsender warb dabei mit riesigen Plakaten, auf denen er mit Raubtierzähnen und an eine Kette gelegt dargestellt wurde.

Höhepunkte seiner künstlerischen Laufbahn waren unter anderem ein gemeinsamer Auftritt mit Dolores Schmidinger in dem Stück „Heißhunger" im Rabenhof Theater, mit Alfons Haider im Kabarett „Kalt Warm" und unter der Regie von Felix Dvorak in der Komödie „Scherben bringen Glück" bei den Berndorfer Festspielen. Im Jahr 2018 feierte er mit seinem ersten Solo-Kabarett „Wissen Sie nicht, wer ich war?" eine erfolgreiche Premiere, weitere Programme folgten. Mit den satirischen wie auch lehrreichen Kolumnen im „WIENER BEZIRKSBLATT" kehrte er zu seinen journalistischen Wurzeln zurück.

PETER RAPP

war schon 1954 Mitglied der Wiener Sängerknaben, später dann der Sängerknaben vom Wienerwald. Nach dem Abbruch seiner Schulzeit im Gymnasium und einem Zwischenspiel beim Bundesheer arbeitete das künstlerische und journalistische Allround-Talent dann als Reporter und sang unter anderem auf Wiener Vorstadtbühnen Rock-'n'-Roll-Hits. 1963 feierte er bei „Leute von heute" seine ORF-Premiere, 1968 landete Rapp endgültig beim Fernsehen, wo er bis zum Jahr 1978 die legendäre Jugend-Popsendung „Spotlight" als Conférencier zu Riesenerfolgen führte.

Auf Wunsch des damaligen Programmintendanten Ernst Wolfram Marboe und des „Licht ins Dunkel"-Gründers Kurt Bergmann übernahm der beliebte Wiener 1985 die Moderation der karitativen Weihnachts-Spendensendung und begeisterte bis zum Jahr 2010 das Publikum: Vor allem sein natürliches und einfühlsames Wirken auf die Studiogäste kam bei den Zusehern, der Hilfsorganisation und den Hilfsbedürftigen sehr gut an.

Peter Rapp, der auch immer wieder im ZDF, der ARD und bei der Europawelle Saar auftrat, erhielt 1997, 1999 und 2013 jeweils eine „Romy" als beliebtester Showmaster. Er wirkte außerdem bei den ORF-Quotenhits „Die große Chance" und „Dancing Stars" mit, wurde unter anderem mit dem „Großen Ehrenzeichen für Verdienste um die Republik Österreich" ausgezeichnet und beweist mit seinen regelmäßigen Kolumnen im „WIENER BEZIRKSBLATT", dass er als viel umjubelter Bühnenstar auch großes Talent zum Schreiben besitzt. Sein literarisch-intellektuelles Wechselspiel mit Dieter Chmelar zieht die Leser der größten Zeitung der Bundeshauptstadt immer wieder in seinen Bann.

ROBERT SOMMER

wurde nach seiner Zeit in der Volksschule Leopoldsgasse und im humanistischen Gymnasium in der Zirkusgasse in Wien-Leopoldstadt sowie seiner erfolgreichen sportlichen Karriere als Mittel- und Langstreckenläufer, in der er für den damaligen Kultverein ULC Wildschek unter anderem den Wiener Landesmeistertitel über 5.000 Meter gewonnen hatte, Redakteur bei der „Kronen Zeitung".

Dort bekleidete er zahlreiche Positionen, leitete schließlich bis 2016 das Sport-Ressort und wurde von den Lesern und Experten des Branchenmagazins „ExtraDienst" dreimal hintereinander zu „Österreichs Sportjournalist des Jahres" gewählt. Immer wieder verfasste Sommer auch in dieser Zeit schon literarische Beiträge, etwa für den Berliner „Eulenspiegel" und das von Jörg Mauthe gegründete „Wiener Journal".

Seit 2016 ist er Schriftsteller sowie freier Autor in zahlreichen Zeitschriften und Zeitungen wie dem „WIENER BEZIRKSBLATT" und dem „vormagazin". Auch im deutschen Nachrichtenmagazin „Der Spiegel" schrieb er bereits. Zu den satirischen Büchern „Im Irrenhaus – Plötzlich daheim" über seine nach-journalistische Ära, „Promille-Doktor", einer sarkastisch-liebevollen Abrechnung mit seiner Heimat, „Doktor-Spiele", bissigen Beschreibungen unserer Ängste vor Arztbesuchen, „Der SexOH!loge", aberwitzigen Anekdoten über die Erotik, und „Wie man unverschämt reich & berühmt wird", gemeinsam mit Verlegerlegende Christian W. Mucha, gesellte sich „Goldrichtig", eine viel beachtete Hommage auf den Segel-Doppel-Olympiasieger Roman Hagara. „Ein flotter Dreier" ist Sommers siebentes Buch in fünf Jahren – es könnte der vierte Bestseller in Serie werden!